소학독본·유몽휘편

학부 편집국 편찬
유임하 편역

■ 유임하

국립 한국체육대학교 교양과정부 교수.
주요 논저로 『한국문학과 불교문화』, 『한국소설의 분단이야기』, 『반공주의와 한국문학의 근대적 동학』(1, 2, 공저), 『북한문학의 지형도』(1, 2, 3, 공저), 『북한소설선』, 『근대 국어 교과서를 읽는다』 등이 있다.

한국개화기 국어교과서 2

소학독본·유몽휘편(학부 편집국 편찬)

© 도서출판 경진, 2015

1판 1쇄 인쇄__2015년 04월 10일
1판 1쇄 발행__2015년 04월 20일

편역자__유임하
펴낸이__양정섭
펴낸곳__도서출판 경진
      등록__제2010-000004호
      블로그__http://kyungjinmunhwa.tistory.com
      이메일__mykorea01@naver.com

공급처__(주)글로벌콘텐츠출판그룹
      대표__홍정표
      편집__김현열 송은주 **디자인__**김미미 **기획·마케팅__**노경민 **경영지원__**안선영
      주소__서울특별시 강동구 길동 349-6 정일빌딩 401호
      전화__02-488-3280 **팩스__**02-488-3281
      홈페이지__http://www.gcbook.co.kr

값 14,000원
ISBN 978-89-5996-458-1 93370

【한국개화기 국어교과서】 2

유임하 편역

소학독본
유몽휘편

학부 편집국 편찬

경진출판

● 일러두기

1. 이 총서는 『소학독본』(학부, 1895)·『유몽휘편』(학부, 1895)을 저본으로 삼았다.
2. 이 총서는 현대역과 원문을 함께 실었다. 현대역을 통해 자료의 접근성을 높이는 한편, 원문을 참조 가능하게 함으로써 연구 자료로서의 가치를 최대한 보존하려는 이유에서이다.
3. 현대역은 현대 어법을 따르면서도, 원문의 의미와 형태를 손상시키지 않는 방향으로 작성하였다.
   1) '올시다', '이니라' 등 옛 문투는 '입니다', '이다' 등으로 수정하였다.
   2) 한글 표기를 위주로 하되 의미 파악에 필요한 경우 한자를 병기하였다. 한자 병기만으로 의미 파악이 어려운 경우 각주를 첨부하였다.
   3) 문맥을 이해하는 데 필요한 경우 문장의 주체나 대상 등을 ( ) 안에 표시하여 문장에 삽입하였다.
   4) 한자를 음차한 인명과 지명은 원문의 표기를 그대로 따랐다. 추정 가능한 것은 [   ]를 병기하여 현대의 발음을 적어 넣었다.
   5) 책명은 『   』, 작품명이나 편명은 「   」로 표시하였다.
   6) 방점 및 밑줄, 그리고 글자 반복 표시 등은 원문을 따랐다.
   7) 낙자, 오식 등은 교정하였고, 원문 파손이 심해 판독이 불가능하다고 판단되는 경우 이를 표시하였다.
4. 『소학독본』·『유몽휘편』의 본문은 장문의 한주국종체(漢主國從體)로 기술되어 있기 때문에, 대구(對句)로 된 장문은 본래의 의미를 훼손시키지 않는 범위에서 문장을 나누었다. 또한 본문에서 현재 사용되지 않는 한자 어구는 현대역하고, [ ] 안에 본래의 단어를 병기하여 혼란이 줄였다.
5. 한문 문장이 직역으로는 뜻이 어색할 경우 어법에 맞게 의역했다.
6. 본문에서 사용된 한문 문장은 각주에서 전거를 밝히고 전문을 수록했다.

발간사

　기원에 대한 천착은 '미약한 물줄기가 나중에 역사의 강물을 이루는' 놀라운 가능성을 경험할 수 있다는 점에서 학문하는 이들에게 늘 매력적이다. '개화기'라는 용어에는 응축된 사회 변혁의 의지와 함께 점증하는 외세가 만들어낸 시대의 수많은 변인들이 자리 잡고 있다. 개화기는 자발적이고 주체적인 근대 교육이 제도적으로 마련된 출발점이자 기원이었다.

　근대 교육의 도정은 내재적 개혁이었던 갑오개혁의 흐름 안에서 태동했다. 그러나 그 지향점은 급진적인 만큼 주체적이나 외세로부터 자유롭지 못했던 갑오개혁의 한계와 고스란히 통한다. 갑오개혁에는 동학혁명에 따른 민중의 요구와 함께, 청일전쟁에서 승리한 일본의 입김이 작용했기 때문이다.

　이런 맥락에서 보면, 근대 교육의 장에서 국가적 전사회적 열망을 아우르는 중층성을 고려한 근대 국어교과서의 고증과 해석은 결코 쉬운 작업이 아니라고 단언할 수 있다. 이 시기 교과서의 체재와 기술은 한국 어문의 형성과 직결되어 있고, 교과서에 수록된 내용들은 근대 지(知)의 계몽과 '국민'이라는 주체 형성과 궤를 같이 한다.

그렇기 때문에 면밀한 고증은 자주 한정된 분야를 넘어 학제적 지식에 입각한 해석의 지평을 함께 열어야 하는 까다로움을 안고 있다. 그만큼 개화기 국어교과서에 담긴 근대 국어교육의 출발점이라는 역사적 함의는 크다. 여기에는 시대적 과제와 마주선 한 사회의 요구와 이상이 아로새겨져 있고, 근대국가 성립에 필요한 근대 지와 공통 감각의 원천이 자리 잡고 있다. 요컨대 교과서는 국가와 국민, 개인과 사회가 새롭게 재편되고 형성되는 구체적인 지표였던 셈이다.

이번에 기획·발간되는 '개화기 국어교과서 총서'는 모두 근대 국어교육의 실상을 파악하려는 '근대국어교과서모임'의 중간 결산에 해당하는 작업이다. 『국민소학독본』에서 『부유독습』에 이르는, 1895년부터 1910년 사이에 간행된 국어교과서와 독본류 15권은 오늘의 관점에서 보면 생경한 단어와 한자 표현 때문에 원문에 대한 접근 자체가 어려운 전대의 텍스트이다.

우리 모임은 개화기 이후 국어교과서를 함께 읽고 연구해 온 지도 벌써 3년을 넘어서고 있다. 지난 2011년 봄, 우리 모임은 근대 국어

교과서의 실상에 좀 더 쉽게 접근할 수 있도록 연구자와 일반 독자들에게 원문과 현대역으로 된 '개화기 국어교과서 총서'를 준비하기로 합의하였다.

2011년 여름방학부터 겨울방학에 이르는 기간 내내, 현대역을 위한 용어와 표현상의 통일을 위해 여러 번의 회의와 토론을 가졌다.

현대역이 된 원고의 내용은 상호 교차해서 교열하는 방식으로 원문의 오류와 해석상의 불투명성을 넘어서고자 했다. 거기에다 번역된 원고를 상호 교열하는 방식으로 해석상의 오류와 모호함에서 최대한 벗어나고자 하였다.

모쪼록, 이 총서가 국어교과서에 관심을 가진 모든 분들에게 값진 자료이자 안내서가 되기를 소망한다. 독자 여러분의 많은 관심과 질정을 바라며, 도서출판 경진 관계자 여러분께도 심심한 사의를 표한다.

2012년 가을 문턱에 편역자 일동

목차

8

소학독본

학부 편집국 편찬

개화기 교육 이념과 신민 육성의 과제

유임하

『소학독본』은 개국 504년(1895) 중동(仲冬, 한겨울)에 간행된 한지(韓紙)로 된 한장본(韓裝本)이다. 같은 해 가을에 간행된 『국민소학독본』과 마찬가지로 비교적 난이도 높은 한자가 사용된 장문의 국한문 혼용체로 기술되어 있다.

『소학독본』은 1894년 갑오개혁 이후 근대적인 학제가 마련된 직후에 간행된 수신서 독본으로 지금의 교과서와는 많이 다른 체제를 가지고 있다. '소학(小學)'이라는 제명처럼 이 교과서는 초심자를 위한 수양 입문서라는 외양을 취하고 있으나, 이 교과서에서 사용된 한자의 수준은 중급 이상이다. 또한 이 교과서는 전통 학문과 근대 학문의 과도기적 양상을 간직하고 있다.

본래 『소학』은 유교의 윤리 사상과 현자들의 언행을 담아 유교 봉건사회의 개인들을 수양하는 도덕 지침서로서 오랜 연원을 가지고 있다. 근대 학제를 도입한 개화기에 『국민소학독본』과 함께 간행된 『소학독본』은 오늘날의 국어과 교과서의 외양과는 판이하다. 그러나 『소학독본』은 전통 수신서의 면모를 표방했으나 근대 교육을 지향한 개화기의 교육적 이념 자체가 지닌 한계에 벗어나지 못한다. 이 교과서는 서세동점(西勢東漸)의 격변하는 세계에 맞서기 위한 신민 육성의 고심을 담고 있다.

『소학독본』의 체제와 내용은 전통적인 수신서의 체제를 따르고 있다.[1] 이 책의 편목은 제1 입지(立志), 제2 근성(勤誠), 제3 무실(務實), 제4 수덕(修德), 제5 응세(應世) 등으로 설정되어 있다. 이 체제는 개화기에 호명하는 국민 또는 신민에게 근대 지(知)를 전수할 수신(修身)의 거멀못에 해당한다. '뜻을 세우고' '근면과 성실'이라는 전통적 덕목을 바탕으로, '힘써 열매를 맺는 삶'을 지향하며, '덕을 수양함'으로써 '세상의 형편에 적응하는' 존재가 바로 새로운 신민이자 개화기의 국가가 지향하는 개인인 셈이다.

뒤따르는 어린 학도들아, 우리 대군주 폐하께옵서 높은 덕을 밝히 드러내사 조칙(詔飭)이 창에 비치니[누강(屢降)], 시에 이르기를 "주나라가 비록 옛 이웃이나[주수구방(周雖舊邦)] 그 명을 오로지 새롭게 할 때라[기명유신(其命維新)]." 우리도 임금의 뜻을 받들고 사모하여 학습을 힘쓰며 충효를 일삼아, 국가와 한 가지로 만세 태평하기를 절하며 축수하노라.

ㅡ제1 입지

이 부분에는 『소학독본』이 지향하는 교육의 목적과 실체가 비교적 분명하게 드러나 있다. 인용 대목에서 내세운 교육 이념은 중국

---

1) 허재영에 따르면 근대식 학제 도입과 함께 국어과 교과서의 형태는 '독본류'였다. 처음 '독본'이라는 명칭이 사용된 것은 『국민소학독본』(1895)에서부터였다. '독본'이라는 명칭 이전에는 '필지(必知, 필수 지식)'나 '지남(指南, 안내서)'이 널리 사용되었다. 허재영, 『통감시대 어문 교육과 교과서 침탈의 역사』, 도서출판 경진, 2010, 156~160쪽, 160쪽 각주 7) 참조.

중심의 유교적 질서에서 벗어나 군주제에 근간을 둔 근대국가의 위상에 걸맞은 주체인 신민으로서의 국민을 창출하는 데 있음을 분명하게 보여 준다. 요컨대 '어린 학도'란 개화기라는 시대 변화에 걸맞은 피교육 주체에 해당한다. "임금의 뜻을 받들고 사모하여 학습을 힘쓰는 것"이 교육의 이념이라면, 그 지향은 "충효를 일삼아, 국가와 함께 만세 태평"을 기원하며 이를 실현하는 주체들의 생산에 두었다.

때문에, 『소학독본』에서 유교적 교육 이념을 발견하기란 그리 어렵지 않다. 여기에는 정몽주(鄭夢周), 백문보(白文寶) 같은 고려 후기 명신들의 발언을 비롯하여, 조선 명현(名賢)들의 글과 일화들이 소개되고 있다. 수신을 위한 교육 담론의 사례로는, 조선조 명현들로는 맹사성(孟思誠), 송시열, 조목(趙穆), 이황(李滉), 김집(金集), 김장생(金長生), 정구(鄭逑), 이이(李珥), 김굉필(金宏弼), 송준길(宋浚吉), 김성일(金誠一), 신흠(申欽), 조광조(趙光祖), 남효온(南孝溫), 유몽인(柳夢寅), 이항복(李恒福), 이덕형(李德馨), 윤두수(尹斗壽), 이수광(李睟光), 김인후(金麟厚), 서경덕(徐敬德), 이지함(李之菡) 등이 예거되고 있다. 이들의 면면을 보면 조선 전기에 나라의 기틀을 세운 이들로부터 조선 후기의 문신, 학자들에 이른다. 이런 측면에서 『소학독본』은 민족의 전통에 입각한 연속성을 강조하는 한편, 충효를 전면에 내세우며 자주적인 근대국가의 공통 감각을 배양하고자 했다는 말이 가능하다.

『소학독본』의 체제와 내용이 표면적으로는 고려와 조선조 명신들의 언급이 주를 이루고 있으나 전통적인 수신서의 맥락을 완전히 탈피했다고 말하기 어려운 측면이 있다. 우선, 명현(名賢)들의 배움에 대한 가르침조차 그 전거는 많은 경우 동양 고전에 기대고 있기 때문이다. 자주 거론되는 동양 고전으로는 『중용』, 『논어』, 『맹자』, 『주역』, 『채근담』 등이 꼽힌다. 하지만 『채근담』에서 차용된 내용이 압

도적으로 많다.

중국 명대에 편찬된 격언집인『채근담』2)이 차용된 배경에는 소학교의 독본이 전통적인 수신 교육을 강조하는 데 요구되는 덕성과 사회적 삶에 대한 높은 환기력에서 연유한다. 달리 말해 이는 경전 위주의 교육에서 벗어나 근대 이행기가 필요로 하는 계몽된 개인들의 내면 형성과는 거리가 있다. 짧은 격언이나 경구가 지닌 높은 도덕적 효과 때문도 무시하기 어렵다.3) 특히『소학독본』에는, 앞서 거론한 명현들의 발언에도『채근담』내용이 전거(典據)로 활용되고 있는 특징을 엿보인다.

『채근담』전편이 가장 많이 활용된 대목은 제4장 수덕(修德)과 제5장 응세(應世)에서이다.『채근담』의 활용은 동양 고전에 기반을 둔 전통 교육에서 실생활에 필요한 덕목을 강조하는 것에 그치지 않고, 배움의 가치와 새로운 지식 습득을 근대 교육의 기능주의적 지식 전달 차원에 두지 않았음을 뜻한다.

『소학독본』에서, 주체는 스스로 뜻을 세우고 변화하는 세계에서 대의를 실현하는 사회적 개인이다. 이 주체는 내적 기반을 전통적인 유교 이념의 핵심인 '충효' 관념에 기반을 두고 있다. 하지만, 배움은 가족과 군주, 사회와 국가에 대한 역할을 강조하며, 몽학(蒙學) 단계에서 실천에 이르는 모든 지평을 내면 수양과 충효로 귀결시키고

---

2) 임동석은 명나라 만력(萬曆) 연간(1602년)에 홍응명(洪應明)이 찬술한『채근담』의 여러 판본 중 하나가 일본으로 전해져 1930년대와 1980년대에 크게 유행했다고 지적하면서, 1950년대 이후『채근담』번역은 대부분 일본 판본에 근거해 있다고 언급하고 있다. 임동석, 「명대 삼종 격언집의 비교연구: '명심보감'·'채근담'·'석시현문(昔時賢文)'」, 『중국어문학논집』32집, 중국어문학연구회, 2005, 400, 406~416쪽 참조.
하지만,『채근담』이『소학독본』에서는 이미 1890년대 중반인 개화기에 교육과 국민의 창출을 위해 호명된 점을 새롭게 주목해 볼 필요가 있다.

3)『소학독본』에서는『채근담』전후(前後)집 중에서도 특히 전집(前集)의 내용이 집중적으로 수록된다.『채근담』전집(前集)은 실생활에 소용되는 잠언과 경구들로 이루어져 있고 후집(後集)은 도가의 탈속(脫俗) 지향적인 면과 불가의 선정(禪定)에 바탕을 둔 물아일체의 은일 관념이 경향이 강하다.

있다. 여기에 개화기에 지향한 근대 교육의 방향성 하나가 있다. 이 때 개인의 학문은 가족과 가문과 분리되지 않고 관직에서든 수많은 사회적 직책에서 졸공(拙工)의 인성으로 기여할 것을 요구한다. 개화기의 근대 학문은 전통적 덕성을 구비한 실천적인 지식인의 상을 스스로 구축하는 일련의 과정으로 설정하고 있었던 것이다.

이 같은 점을 고려해 보면, 『소학독본』의 전체 내용에서 동양 고전을 인용한 대목의 비중은 그리 크다고 말하기는 어렵다. 무엇보다도 그 원인은 근대 지(知)를 체득하는 궁극적인 교육 이념과 목표가 당대 사회의 요구에 부합되기 때문이다.4)

『소학독본』에는 군주제 국가로서 변화하는 세계 속에서 스스로 실리적인 사고와 실천력으로 무장한 신민(臣民) 양성으로 이어지는, 유교적 이념에 근간을 둔 국민과 개인의 구체적인 상이 담겨 있다. 비록 이듬해에 간행된 『신정 심상소학』(1896)에서 일본 색채가 깃든 교과서로 대체되고 말지만, 이 같은 변화 때문에 역설적으로 『소학독본』이 가진, 개화기 최초의 수신 교과서로서의 위상이 더욱 중요한 의미를 갖는다.

---

4) 가령 '제3 수덕' 편에서 차용한 『채근담』 전편 110의 내용은 원문을 그대로 반영하면서도 개화기라는 시대적 맥락으로 읽힐 여지를 보여 주는 사례가 된다. "사사로운 은혜를 파는 것이 공의(公議)를 돕는 것보다 못하며, 새로운 친구를 사귀는 것[결신지(結新知)]이 구호(舊好)를 돈독히 하는 것보다 못하다. 영예로운 이름을 세우는 것이 음덕(陰德)을 심는 것만 같지 못하며, 뛰어난 절개를 숭상함이 용렬한 행동을 삼가는 것보다 못하다. 市私恩, 不如扶公議. 結新知, 不如敦舊好. 立榮名, 不如種隱德. 尙奇節, 不如謹庸行." 이 대목에서는 '새로운 친구를 사귀어 지식을 넓힘(결신지, 結新知)'와 '구호(舊好, 예로부터 좋은 사이)'의 조화를 언급하고 있는데, 이는 중국 중심의 질서에서 탈피하는 것만 지향하지 않고 새로운 우방과 지식 확충이 필요하다는, 곧 『채근담』의 원문을 반영하면서도 '변화하는 시대에 필요한 새로운 지식의 습득'이라는 의미도 함축하고 있다.

제 1 뜻을 세움[입지(立志)]

옛날에는 남자가 태어나면 뽕나무로 만든 활과 쑥으로 된 화살[1])을 하늘과 땅, 사방으로 쏘았다. 이것은 남자가 뜻을 세우는 일[立志]이 천지 사방에 있기 때문이었다.

이런 까닭에 어릴 때 배우고 익히는 것[學習]은 부모를 사랑하고 형을 존경하는 것과 다르지 않고, 장성한 뒤 하는 사업은 임금을 사랑하고 나라를 위하는 것보다 더한 것이 없다.

어릴 때 효심이 지극하면 장성한 후 임금에게 충성하지 않을 리 없고, 집에 있으면서 자애로운 마음[慈情]이 두터우면 세상에 나가 백성을 사랑하지 않을 리 없다.

이런 까닭에 옛 성인이 말하기를, "효라는 것은 부모를 섬기는 것이며 공경이라는 것은 나보다 나이 많은 연장자를 섬기는 것이며, 인(仁)이라는 것은 이로써 뭇사람을 부리는 것이다."[2])라고 하였다.

---

1) 桑弧蓬矢(상호봉시): 남자(男子)가 뜻을 세움. 옛날 중국에서는 사내아이가 태어나면 뽕나무로 만든 활과 쑥대로 만든 화살을 천지 사방으로 쏘아 큰 뜻을 이루기를 기원했던 풍속에서 유래하는 말.
2) 『대학(大學)』: "孝子所以事君也. 弟者所以事長也. 慈者所以使衆也."

무릇 어릴 적의 배움은 장성한 뒤 행하기 위함이다. 세월이 물 흐르듯 하여 장성하고 늙을 날이 멀지 않으니, 일생이 어릴 줄로만 알지 말고 힘써 노력하여 배움을 부지런히 익혀야 한다.

맹(孟) 문정공(文貞公)3)이 여덟 살에 배움에 들어 『서경』의 「우공(禹貢)」편4)을 배우다가 "아들 계(啓)가 울어대며 눈물 흘리는데도 나는 자식을 돌보지 못했네[(啓呱呱而泣予不子)]"5) 하는 구절에 이르러, (선생에게) "우공은 어떤 사람인지요." 하고 물었다. (선생이) 대답하기를 "옛날 성군이니라." 하였다. 문정공이 말하기를 "성군 같으시면 천하의 일이 곧 자기 일 아닌가요. '여불자(予不子-나는 자식을 돌보지 못했네)' 세 글자에는 덕색[德色]6)이 있는 듯해서 우공을 받들어 취하지 않겠습니다."라고 하였다. 공이 비록 우공의 본뜻[本意]와 『서경(書經)』의 대의를 상세히 이해하지는 못하였으나, 여덟 살 아이의 뜻과 취향이 또한 아주 기이하고 돋보이지[奇偉] 않는가.

남자가 천하에 태어나 천하를 스스로 감당하지 못하면 어찌 남자라 칭하겠는가.

우암(尤菴) 송(宋) 선생7)이 문하의 사람을 훈계하여 말하기를, "장부가 능히 지금 세상에 유념하지 못하면 어찌 함께 배움을 의논할 수 있겠는가." 하였다. 무릇 사람의 배움이 임금과 나라를 위해서하는 것을 이를 통해 알 수 있다.

---

3) 맹사성(孟思誠, 1360~1438): 시호는 문정(文貞). 세종 때 좌상을 지냄.
4) 하(夏) 왕조를 세운 우공(禹貢)이 홍수를 다스리고 천하를 통일하는 과정을 서술한 『서경(書經)』을 가리킴. 여기에 인용된 부분은 『서경』의 「우공」 편이 아니라 「익직(益稷)」 편에 나오는 일화로서, 일찍 결혼하여 아내와 자식이 있었으나 천하를 도모하는 일이 우선한 까닭에 아들이 울어대도 제대로 돌보아 주지 못했음을 설명하는 내용이다.
5) 『서경(書經)』「익직(益稷)」: "予創若時, 娶于塗山, 辛壬癸甲, 啓呱呱而泣, 予弗子."
6) 덕색(德色): 남에게 조금 도움 준 것을 자랑하는 말이나 태도.
7) 송시열(宋時烈, 1607~1689): 시호는 문정(文正). 효종 때 좌상(左相).

월천(月川) 조 선생8)이 퇴계(退溪) 이 선생9)께 후학을 가르치는 방법을 물었다. 퇴계가 답하기를 "덕을 먼저 기르도록 하시게나[先養]." 하였다. 월천이 말하기를 "어떤 말씀이온지요." 하니, 퇴계가 말하기를 "덕을 기르지 않으면[不養德] 입지가 두텁지 못하고, 입지가 두텁지 못하면 만물을 성취할 수 없는 것이라네."라고 대답하였다. 무릇 배움을 시작하는[蒙學] 때부터 덕의(德義)를 길러야만 백성을 위하고 만물을 성취하는 근본 토대가 마련된다.

자라나는 나무를 꺾지 않으며 겨울잠을 자고 나온 벌레를 죽이지 않는 까닭은 모두 어린 시절에 인과 덕을 키운 때문이다.

덕이라는 것은 복을 담는[盛福] 그릇이고 백성을 모으는 터전이니, 가히 배양(培養)할 만하지 않는가.

신독재(愼獨齋) 김(金) 선생10)은 어린 시절에 생명을 죽이는 모습을 보지 못하였다. 의복에 있는 굼벵이와 이를 잡아도 바깥에 버리고 죽이지 않았다.
사람의 심지(心志)가 이러하니 임금을 도와 능히 백성을 다스릴 수 있었다.

신당(新堂) 정(鄭) 선생11)이 열 살 전에 아이들과 함께 공부할 때 일이었다. 마을의 서당 동무 모두 가난[貧寒]하여 서당에 양식을 가

---

8) 조목(趙穆, 1524~1606): 임진란 때 곽재우가 일으킨 의병군에 합세하여 전공을 세움.
9) 이황(李滉, 1501~1570): 시호는 문순(文純). 조선 중기 문신이자 학자.
10) 김집(金集, 1574~1656): 시호는 문경(文敬). 조선 중기의 유학자.
11) 정붕(鄭鵬, 1467~1512): 조선 전기 문신.

져오지 못했다. 선생이 부모께 한결같이 간청하여 수십 명의 아동들에게 모두 음식을 골고루 나누고 배고픔을 같이하며 말했다. "사람의 배움이 본시 나라를 위하고 뭇사람을 구제하는 것이다. 내 장차 배움을 향하니 어찌 친구들의 굶주림과 추위를 구제하지 않겠는가."라고 하였다. 어렸을 때라도 일을 처리하는 것과 심덕(心德)이 나이든 이들을 받들며 두려워하게 만들었다[敬畏].

비유하건대, 재목은 어릴 때 곧게 길러야 크게 된 후 동량(棟樑)이 되고, 샘물은 그 근원을 맑게 뚫어야 다다른 뒤에 강한(江漢)12) 같은 강물이 된다. 사람도 처음 키우는 것이 곧아야만 자란 후에 대인(大人)이 된다.

이런 까닭에 공자께서도, "어릴 때 바르게 기르는 것이 거룩한 공로다."13)라고 말씀하였다.

사계(沙溪) 김(金) 선생14)은 어릴 때부터 성품과 행동이 순박하고 인정이 두터워 화려함을 사모하지 않고, 알찬 마음으로 배움을 구하여 마침내 나라 안에서 유교의 으뜸이 되었다. 일찍이 (그가) 정산 현감이 되었을 때 왜인이 노략질 하러 나라 안에 쳐들어왔다. 이때 선생이 백성의 마음을 비단 어루만지듯 위로하여 각각의 편의를 얻게 주선하였다. 근처 사대부 집안이 많이 피난해 오자 선생이 또한 마음을 다해 도와주니, 백성은 모두 난리의 고통을 잊고 뒤따라 돌아가는 사람이 시장을 오가는 이들과 같았다.

어릴 적 배울 때 세운 뜻이 돈독하지 못했다면 공효(功效)15)가 어

---

12) 중국 양쯔강[揚子江]과 한수이강[漢水江]을 함께 이르는 말.

13) 『주역(周易)』 「몽괘(蒙卦)」: "蒙以養正, 聖功也."

14) 김장생(金長生, 1548~1631): 시호는 문원(文元). 조선 중기의 문신이자 학자.

찌 이러했겠는가.

　뒤따르는 어린 학도들아, 우리 대군주 폐하께옵서 높은 덕을 밝히
드러내사 조칙(詔飾)이 창에 비치니[누강(屢降)], 『시경』에 이르기를
"주나라가 비록 옛 이웃이나[주수구방(周雖舊邦)] 하늘의 명은 오직 새
롭구나[기명유신(其命維新)]."16)라고 할 때이다. 우리도 임금의 뜻을 받
들고 사모하여 학습을 힘쓰며 충효를 일삼아, 국가와 한 가지로 만
세 태평하기를 절하며 축복을 기원하노라.

---

15) 공효(功效): 공로와 효과.
16) 『시경(詩經)』 「대아(大雅)」 '문왕(文王)': "文王在上, 於昭于天. 周雖舊邦, 其命維新."

제2 근면과 성실[근성(勤誠)]

 '근면과 성실[勤誠]', 두 글자는 쉽고도 어렵다. 처음 배우는 사람들
은 그것을 힘쓰고 또 힘쓸지어다.

 한강(寒岡) 정(鄭) 선생[17]은 일곱 살 때 배움의 길에 들어섰다. 그
는 산방(山房)에 혼자 올라가 사십 일을 잠도 자지 않고 힘써 배움을
구하여 일 년 만에 문장을 이루었다. 사람이 정성을 다하면 천하에
어려운 일이 없다.
 이런 까닭에 자사(子思)[18]가 지은 『자사자』[19]에 이르기를, "다른
이가 한 번에 능하거든 나는 백 번을 하고, 다른 이가 열 번에 능하
거든 나는 천 번을 할 것이니, 진실로 이렇게 하면 비록 어리석으나
반드시 총명해지며 비록 약하지만 반드시 강해질 것이다."[20]

---

17) 정구(鄭逑, 1543~1620): 시호는 문목(文穆). 조선 전기의 문신.
18) 자사(子思, 기원전 483?~기원전 402?): 노나라(魯) 유학자. 공자의 손자이자 공리(孔鯉)의 외아
   들. 사서(四書) 중 하나인 『중용(中庸)』의 저자로 전함.
19) 『자사자(子思子)』: 공자의 손자이자 증자의 제자였던 자사가 지은 유학서로 모두 전해지지 않고
   『중용』이 그 중에 남은 것이라고 전해진다.
20) 『중용』 20장: "人一能之己百之 人十能之己千之 果能此道埃 雖愚必明 雖柔必强."

천명(天命)은 따로 있지 않고 사람의 정성에 있으며, 운수가 따로 있지 않고 사람의 근면함에 있다.

공자께서 말하기를, "하늘이 만물을 낳으시니 반드시 그 재질로 인해 돈독해지는 것이다. 이런 까닭에 (하늘이) 뿌리를 뻗고 자라는 것은 북돋아주고 기운 것은 넘어뜨리는 것이다."[21]

복록(福祿)은 하늘이 내리시는 것이 아니라 곧 사람이 만드는 것이다. 이런 까닭에 맹자께서 이르시되, "운명을 아는 자는 무너질 담장 아래 서지 않는다."[22] 하였으니, 삶과 죽음이 비록 운명이나 (무너질 담장 아래) 서지 않는 것은 사람의 일이다.

율곡(栗谷) 이(李) 선생[23]이 이르시되, "사람이 마음을 다하는 곳에 자연히 미리 아는 견명(見明)[24]이 있다."고 하니, 무릇 성(誠)이란 것은 마음의 거울[心鏡]을 닦는 것이다. 마음의 거울을 한번 닦으면 백 가지 일에 어려움이 없을 것이니, 만일 일을 도모하고자 한다면 반드시 정성스럽게 할 것이다.

수암(遂菴) 권(權) 선생[25]이 가로되, "세상 사람들은 일을 만드는 자는 많으나 한 가지 기술이라도 능한 자는 적으니, 그 병은 정성스럽지 못한 중에 드러난 것이다."라고 하였다.

---

21) 『중용』 17장: "故天之生物 必因其材而篤焉 故栽者培之 傾者覆之."
22) 『맹자』 진심상(盡心上): "운명을 아는 자는 무너지려는 위험한 담장 아래에 서지 않는다[知命者 不立乎巖墻之下]."
23) 이이(李珥, 1536~1584): 시호는 문성(文成). 조선 중기의 학자, 문신.
24) 견명(見明): 밝은 안목.
25) 권상하(權尙夏, 1641~1721): 시호는 문순(文純). 조선 후기의 학자.

하물며 지금 세상은 만국이 서로 교류하여 남자의 사업이 백배나 더 많아졌으니, 무릇 천하와 국가를 위하는 군자(君子)들은 마땅히 만 가지 일을 구별해서 생각해야 한다.

공자께서 이르기를, "문왕과 무왕의 정치가 방책에 담겨 있으니, 그것을 행할 인물이 있으면 그러한 정치가 행해지고 그것을 행할 인물이 없으면 그러한 정치도 없다."26)라고 하셨다. '그 인물'이란 쓸 만한 인재를 이르는 것이다.

이런 까닭에 사람이 천하의 일을 도모하려면 반드시 쓸 만한 인재를 만들어야 한다.

공부를 익히는 때에 정성을 다 하지 아니하면 한갓 공부를 이룰 수 없을 뿐만 아니라, 자신의 인품이 중도에 뒤떨어지니, 이런 까닭에 군자는 정성을 귀하게 여기는 것이다.

정성이란 것은 곧 하고자 하는 일을 맞이한 뒤 사용하는 것이다. 그러나 근본 뿌리는 곧 공심(工心)27)에 있으니, 이런 까닭에 군자는 그 마음을 독실(篤實)하게 하는 것이다.

---

26) 『중용』: "文武之政, 布在方策, 其人存則其政擧, 其人亡則其政息."
27) 공심(工心): 근본을 지키는 장인의 마음.

제3 참되고 실속 있게 힘씀[무실(務實)]

천하에 있는 일과 사물은 허실(虛實)이 있으니, 허(虛)한 것은 폐(廢)하고, 실(實)한 것만 힘쓰는 것이 이른바 무실(務實)이다.

이런 까닭에 옛날 성현의 행실은 실하지 않은 것이 없었는데, 그리 오래지 않은 옛날에 과거법이 시행되면서부터 선비의 행실은 점차 어그러지고 어지러워져서 청탁하는 일이 여기저기서 어지럽고 뇌물이 성행하게 되었다. 뒤에 태어난 소년들이 실지(實地)를 힘쓰지 않고, 혹은 걱정하거나 놀면서 하루를 보내고 잡기(雜技)로 달을 보내다가 기회를 얻지 못하고 늙고 쇠약해지면, 궁핍해져서는 슬퍼하고 탄식할 것이니, 또한 가련하지 아니한가.

한훤당(寒暄堂) 김(金) 선생28)은 어린 시절부터 실없는 소리를 하지 않았다. 일찍이 언패(言牌)29)를 만들어 훗날 사람들을 경계하며 말하기를, "말이 참되면 친구가 스스로 다가오고 행동이 실하면 복과 명예가 스스로 온다."라고 하였다.

---

28) 김굉필(金宏弼, 1454~1504): 시호는 문경(文敬). 조선 전기의 문신, 학자.
29) 언패(言牌): 글의 구절을 새겨 몸에 지니고 다닐 수 있게 만든 나뭇조각.

금수(禽獸)와 곤충도 모두 실제로 일을 만들어 제 몸을 위하며 생을 도모한다. 꿀벌이 그 방을 지키고 쇠똥구리가 술지개미를 굴리는 행동은 다 스스로 기르기 위함이고, 닭이 발톱으로 싸우고, 맹금이 깃촉으로 치는 것은 다 스스로 방어하기 위함이다. 하물며 사람이 미물만 못하겠는가.

　그러므로 사람이 마땅히 힘쓰는 것은 모두 이롭게 쓰기 위함이다. 글쓰기에 힘쓰는 것은 옛사람의 자취를 알기 위함이고, 농사에 힘쓰는 것은 굶주림을 면하기 위함이고, 옷감을 힘써 짜는 것은 의복을 만들기 위함이고, 연장으로 힘쓰는 것은 궁실(宮室)을 짓기 위함이고, 장사로 재화를 통하며, 장인에게 용기(用器)를 갖추게 하여 수많은 일이 모두 쓰기 위한 것이다. 만일 까닭 없이 편안하고 한가롭게 잘 지내며, 장기와 바둑을 일삼고 해학을 좋게 여겨, 유소년 때의 좋은 시절을 하염없이 다 보내면, 우선 편할지는 모른다. 하지만 사소한 수많은 일을 이루지 못한 뒤에 부모와 형제, 처자들이 굶주림과 추위 속에서 곤고한 처지가 되면 어찌 후회하지 않겠는가.

　송(宋) 숙정공(肅靖公)[30]이 어린 시절부터 분화(芬華)[31]를 숭상하지 않았다. 어릴 적부터 과거에 응시하기 위한 학문에 힘쓰다가, 하루 아침에 갑자기 과거시험 준비를 내던지며 말하기를, "비록 잘 하여도 국가에 도움이 될 것이 없을 공부이다. 어찌 좋은 세월을 헛된 곳에다 보낼 것인가." 하고, 『강목(綱目)』[32]과 『사기(史記)』를 두루 읽고 고금의 치란(治亂)과 득실(得失)을 살피며 당대를 다스릴 도리를

---

30) 송질(宋軼, 1454~1520): 중종 때 재상을 지낸 조선 중기의 문신.
31) 분화(芬華): '빼어나게 아름답다'는 뜻으로 '높은 지위에 올라 귀하게 됨'.
32) 중국 역사서인 『자치통감』을 가리킴.

사량(思諒)[33]하였다. 중종반정 후에 널리 다스릴 사업이 많았기 때문에, 정국공신(靖國功臣)에 봉해졌고 관직이 영의정에 이르렀다. 칠십이 된 후에 동대문 바깥에 별채를 지어 세상사를 상관하지 아니하였으나 임금을 사랑하고 나라를 걱정하는 마음은 오히려 줄어들지 않아 거듭해서 상소를 임금께 올렸다.

이런 까닭에 공자께서 말하시기를, "큰 덕을 가진 자는 그에 걸맞은 지위를 반드시 얻으며 그에 걸맞은 녹봉을 반드시 얻으며 그에 걸맞은 이름을 반드시 얻으며 그 수명을 반드시 누릴 것이다."[34]라고 하였다.

백불암(百不庵) 최(崔) 선생[35]이 대구 부인동(扶仁洞)에 집을 짓고 제자를 모아 학문을 가르치며 동리 백성에게 권하여 각각 생업을 수련하게 하였다. 사농공상(士農工商)에서 각기 잘하는 바대로 익히게 하여 한 사람도 놀고먹는 사람을 없게 하였다. 머문 지 10여 년 만에 백성이 모두 감화되어, 백리 경내에서 길거리에 떨어진 물건을 줍지 않고 산을 다니며 들에 머물러도 도적을 알지 못하였다. 임금께서 화가를 보내어 부인동을 그린 그림을 보시고 벼슬을 내렸으나, 그때 공의 나이가 칠십을 넘겼으므로, 임금에게 글을 올려 벼슬자리를 내놓고 물러나니, 애석하구나, 제우(際遇)[36]가 늦은 것이.

이런 연유로 보건대, 한낱 한 마을뿐 아니라 천하와 나라라도, 백성에게 각각 그 재주를 활용하여 업(業)을 닦도록 하면 어느 땅이 부인동이 안 되겠는가.

---

33) 사량(思諒): 생각하고 살핌.
34) 『중용』 17장: "故大德 必得其位 必得其祿 必得其名 必得其壽."
35) 정종 때 참봉으로 벼슬에 나가지 못한 이름.
36) 제우(際遇): 좋은 때를 당하여 만남. 임금과 신하 사이에 뜻이 잘 맞음.

이런 까닭에 군자가 마음을 임금과 나라에 두는 것은 반드시 실질을 힘써 행하고 허위를 잘라 없애는 것이다.

공자께서 말하기를, "의로움을 정밀하게 하여[精義]37) 신묘함에 드는 것[入神]은 치용[致用]38)으로써 한다."39)라고 하셨으니, 대개 정의(精義)가 극진하면 일을 만들어 세상에 (인재로서) 쓰임이 있다.

정밀함[精]이란 것은 자기 위에 있는 것이고, 의로움[義]이란 것은 사물 위에 있는 것이다. 자기의 정밀함을 극진히 하면 행하지 못할 일이 없고, 사물의 의로움을 바르고 가지런히 하면 믿지 아니할 사람이 없을 것이니, 자연히 천하에 도모하려는 일을 맡게 것이고, 자연히 천하의 사람과 만물이 고르고 균등해질 것이다.

우계(牛溪) 성(成) 선생40)이 정의(精義)를 원칙 삼아 힘써 실천하여 평생토록 사람을 책망하지 않았다. 어느 날 문하생 중에 남을 원망하는 자가 있었다. 선생이 말하기를, "나는 과연 큰 화로와 큰 용광로가 되고자 하니 어찌 완금둔철(頑金鈍鐵)41) 녹이지 않은 것을 근심하겠는가. (또한) 나는 참으로 큰 바다와 긴 강이 되고자 하는데 어찌 세류오독(細流汚瀆)42)을 용납하지 못함을 근심하겠는가. 군자의 도는 다만 내 자신에게서 잘못을 구하는 것[反求]이다."

이런 까닭에 공자께서 말씀하시기를, "활을 쏘는 일은 군자와 비슷하니, 활을 쏘아 명중하지 못하면 곧바로 그 잘못을 자기 자신에

---

37) 정의(精義): 자세한 의의(意義). 또는 정확한 의의.
38) 치용(致用): 실제에 사용함.
39) 『周易』「繫辭傳」: "精義入神, 以致用也, 利用安身, 以崇德也."
40) 성혼(成渾, 1535~1598): 시호는 문간(文簡). 조선 중기의 성리학자.
41) 완금둔철(頑金鈍鐵): 정련되지 않은 쇠나 쇳덩이.
42) 세류오독(細流汚瀆): 가늘게 흐르는 시냇물과 더러운 도랑.

게서 구한다."43)라고 하였다.

　동춘(同春) 송(宋) 선생44)이 말하기를, "사람이 벼슬을 그만두는 것
은 근심과 즐거움 때문이다. 득실이 모두 나에게서 비롯된다."라고
하였다. 무릇 얻는 것도 스스로 취하는 것이고 잃는 것도 스스로 취
하는 것이다.

　다른 나라 사람은 모두 자기 집의 사무를 자기 집에서와 같은 요
량으로 실천하여 사업이 잘 된다. 하지만 우리나라 사람은 주인의
마음이 없어 타국의 물색45)을 보든지 다른 나라의 말을 들으면 자
기의 마음을 스스로 지키지 못하고, 훗날의 요량이 없이 새로 듣고
새로 본 것만을 숭상하다가 결국 성취하는 자가 드물다. 이 어찌 분
하고 원통하지 아니한가.
　이런 까닭에 맹자께서 말씀하시기를, "한 집안, 한 나라, 천하가
모두 말하기를 쓸 만하다거나 죽여야 한다고 하더라도 내가 잘 살펴
서 쓸 만한지 죽여야 하는지를 본 뒤에 행하라."46)고 하였다. 무릇
(이는) 스스로 터득한 견해를 귀하게 여기는 것이다.

　오리(梧里) 이(李) 선생47)이 말하기를, "풍문으로 듣는 배움은 사물
의 이치를 환히 알 수 없으니, 지금의 세상에서 정밀하고 뛰어나서

---

43) 『중용』: "子曰, 射有似乎君子, 失諸正鵠, 反求諸其身."
44) 송준길(宋浚吉, 1606~1672): 시호는 문정(文正). 조선 후기의 문신, 학자.
45) 물색(物色): 어떤 일의 까닭이나 형편.
46) 『孟子』「梁惠王」: "左右皆曰賢, 未可也, 諸大夫皆曰賢, 未可也, 國人皆曰賢, 然後察之, 見賢焉,
　 然後用之. 左右皆曰不可, 勿聽, 諸大夫皆曰不可, 勿聽, 國人皆曰不可, 然後察之, 見不可焉, 然後
　 去之. 左右皆曰可殺, 勿聽, 諸大夫皆曰可殺, 勿聽, 國人皆曰可殺, 然後察之, 見可殺焉, 然後殺之,
　 故曰, 國人殺之也."
47) 이원익(李元翼, 1547~1634): 시호는 문충(文忠). 조선 중기의 문신.

스스로 법을 보고 이치를 깨달음이 조목(趙穆)48) 같은 이가 드물다.”
하였다. 무릇 선비의 배움은 사물의 이치에 통달해서 스스로 터득하
는 것이 귀한 것이다.

　학봉(鶴峰) 김(金) 선생49)이 아들을 훈계하여 말하기를 “너희 애비
가 되어 자식에게 바라는 정이 어찌 크지 아니하겠느냐. 하지만 불
행하게도 너희들의 재주와 인품이 천하고 낮아서 큰 기대를 바라지
못하겠다. 다만 바라는 바는 일을 당하거든 객기를 버리고 본심으로
확실한 것을 헤아려, 길흉(吉凶)과 이해(利害)를 가려 택하고[揀擇],50)
길한 것을 취하고 흉한 것을 피하며 이로운 것을 취하고 해로운 것
을 피하거라. 그리하면 아비 된 자 또한 대부분 느긋한 마음이 될
것이다.”라고 하였다.

　세상 사람이 누가 화를 즐거워하고 흉사를 취하겠는가. 하지만 훗
날 사람이 어리석어 눈앞의 욕심과 마주친 애정으로 종종 흉화(凶禍)
에 빠져드니 어찌 애석하지 아니하겠는가.

---

48) 조목(趙穆, 1524~1606): 조선 중기의 학자.
49) 김성일(金誠一, 1538~1593): 조선 중기의 정치가·학자. 임진란의 훈신(勳臣).
50) 간택(揀擇): 분간하고 선택함.

제4 덕을 닦음[수덕(修德)]

　도의(道義)로 성정을 기르고 닦아 인애(仁愛)가 마음에 넉넉해지면 어질고 넉넉한 덕의 기운이 저절로 밖으로 드러나게 된다. 덕(德)이 능히 드러나면 위로 임금을 섬기며 아래로는 백성을 다스림이 저절로 교화를 이룰 것이다.

　만일 덕을 닦지 못하고 교활함과 거짓으로 일을 다스리면 일이 되지 못할 뿐 아니라 폐단이 백방으로 생겨 반드시 뒤집히는 지경에 이를 것이다.

　정암(靜庵) 조(趙) 선생51)이 말하기를, "한 가지라도 참지 않는 마음의 실마리가 백성을 살리고 사물을 만들어 내는 근본이고, 한 가지도 욕심 없는 기개가 하늘을 움켜잡고 땅을 장악하는 기둥과 주춧돌이다."라고 하였다. 이런 까닭에 군자는 한 마리 벌레, 한 마리 개미라도 참아서[忍] 상하게 하거나 해롭게 하지 않으며, 수많은 돈과 보화도 탐해서 아까워하지 않으니, 그런 후에야 백성과 사물을 위하

---

51) 조광조(趙光祖, 1482~1519): 시호는 문정(文正). 조선 중기의 문신.

여 천명을 세우고 천지를 위해 공을 세울 수 있다.

업(業)을 이루고 공을 세울 때 하는 일마다 실지(實地)를 따라서 발을 (땅에) 붙여야 한다. 만일 조금이라도 명예를 바란다면 곧 잘못된 길로 들어서게 된다. 도를 익히고 덕을 닦는다면 생각마다 비어 있는 곳[虛處]을 따라서 마음을 두어야 한다. 만일 한 순간이라도 공효(功效)를 계산하면 곧바로 속된 정[塵情]에 떨어지게 된다.

상촌(象村) 신(申) 선생[52]이 말하기를, "사람이 그 덕을 두텁게 하려면 차라리 침묵할지언정 조급해하지 말며, 차라리 서툴지언정 꾸미지 말라."라고 하였다.

열 마디 말 중에 아홉 마디가 맞아도 반드시 신기하다고 칭찬하지 않으나, 한 마디 말이라도 맞지 않으면 금방 잘못된 것이라는 소리가 사방에서 모인다. 열 가지 계교에 아홉을 이루어도 반드시 공을 돌리지 않으면, 하나의 계교라도 이루지 못하면 금방 헐뜯는 논의가 들끓는다.[53]

무릇 하늘과 땅도 기후가 따뜻하면 곧바로 만물이 생겨나고 추우면 만물이 죽는다. 그런 까닭에 기미(氣味)가 맑고 차가운 자는 받아 누리는 바 또한 쓸쓸하고 엷으며, 기운이 온화하고 마음이 따뜻한 자여야 오로지 그 복이 두텁고 그 은택도 오래 가는 것이다.[54]

---

52) 신흠(申欽, 1566~1628): 시호는 문정(文貞). 조선 중기의 문신.
53) 『채근담』 전편 71. "十語九中 未必稱奇 一語不中 則愆尤騈集 十謀九成 未必歸工 一謀不成 則訾議叢興."
54) 『채근담』 전편 72. "天地之氣暖則生 寒則殺 故性氣淸冷者 受享亦凉薄 唯和氣熱心之人 其福亦厚其澤亦長."

사람이 만일 한 가지 생각이라도 탐욕하고 사사로우면 문득 굳은 기질도 녹아 유약해지고, 지혜로움이 막혀 어두워지며, 은혜가 변하여 원수가 되고, 깨끗한 뜻도 더럽게 오염되어 일생의 인품이 무너져버린다. 옛사람이 말하되, "불탐(不貪) 두 글자로 가히 한 시대를 넘어선다."55)라고 하였다.

진실로 청렴한 자는 청렴한 이름이 없으니, 이름을 세우려는 자는 곧 말하자면 탐부(貪夫)이고, 크게 꾸미는 자는 교묘한 기술이 없으니, 기술을 활용하는 자는 바로 말하면 졸공(拙工)56)이다.

율곡 선생이 말하기를, "배우는 자는 다만 긍업(兢業)57)하는 심사가 있고, 소쇄(瀟灑)한58) 취미가 있으면 아름답고 아름답다. 그러나 한편으로 몸가짐을 엄하게 단속하고 청고(淸高)한 것만 구하면 이는 추살(秋殺)59)만 있고 춘생(春生)60)이 없게 된다.61) (이런 태도가) 어찌 이(理)와 기(氣)에 부합한다 하겠는가."

악을 행하였으나 사람이 알아차릴까 두려워하는 자는 악한 중에도 오히려 한 갈래 선한 길이 있고, 선을 행하였으나 사람이 알아주기를

---

55) 『채근담』 전편 78. "人只一念貪私 便銷剛爲柔 塞智爲昏 變恩爲慘 染潔爲汚 壞了一生人品 故古人 以不貪爲寶 所以度越一世."

56) 졸공(拙工): 서툰 장인. 여기에서는 기교 없는 장인의 마음.

57) 긍업(兢業): 두려워하고 삼가는 태도

58) 소쇄(瀟灑): 맑고 깨끗함.

59) 추살(秋殺): 가을에 이르러 뭇 생명이 죽게 됨.

60) 춘생(春生): 봄날에 피어나는 생명.

61) 율곡의 언급은 다음의 구절에 근거해 있다. 『채근담』 전편 61. "學者 要有段兢業的心思 又要有段瀟灑的趣味 若一味斂束淸高 是有秋殺無春生 何以發育萬物(배우는 자는 일단의 두렵고 삼가는 심사가 있어야 한다. 또한 일단의 활달한 취미가 있어야 한다. 일관되게 몸단속을 엄히 하고 결백한 절개만 가지면 이는 추살만 있고 춘생이 없는 것이 무엇으로 만물을 발육하게 하겠는가)."

바라는 자는 그 선한 행위 안에 일종의 악한 뿌리가 숨어 있다.62)

심지가 맑은 후에야 글을 읽으면서 옛것을 배울 수 있다. 그렇지 못해서 한 가지 선을 행하여 사욕을 채우려 하고 한 가지 선한 말로 단점을 뒤집으려 하면, 이는 도적에게 무기를 빌려주고 도적에게 양식을 주는 것과 같다.63)

도덕을 힘들여 지키는 자는 한때에 적막하나, 권세를 의지하여 아부하는 자는 만고(萬古)에 처량하다. 사물의 이치에 통달한 사람[達人]은 물외지물(物外之物)64)을 보며, 신후지신(身後之身)65)을 생각하여 차라리 한때의 적막함은 받아들일지언정 만고의 적막함은 받아들이지 않는다.66)

이 때문에, 군자의 심사는 하늘처럼 푸르고 해처럼 밝아서 사람이 아니 알지 못하게 하는 것이고, 군자의 보배로운 재주는 옥을 바위 속에 감추고 바다 깊이 잠긴 구슬 같아서 사람이 쉽게 알지 못하게 하는 것이다.67)

싸움을 해결할 때 위엄으로 도우면 노기(怒氣)가 저절로 가라앉을 것이고, 가난을 다스릴 때 재물로 구제하면 이롭게 할 마음이 절로 움직일 것이다. 이른바 그 기세로 인하여 이롭게 이끄는 것이고 또

---

62) 『채근담』 전편 67. "爲惡而畏人知 惡中猶有善路 爲善而急人知 善處卽是惡根."
63) 『채근담』 전편 54. "心地乾淨, 方可讀書學古. 不然, 見一善行, 竊以濟私, 聞一善言, 假以覆短. 是又藉寇兵而齎盜糧矣."
64) 물외지물(物外之物): 지위나 재산 같은 물욕 이외의 불변의 진리.
65) 신후지신(身後之身): 죽은 뒤 세상 사람들의 평판.
66) 『채근담』 전편 1. "棲守道德者 寂寞一時 依阿權勢者 凄凉萬古 達人 觀物外之物 思身後之身 寧受一時之寂寞 毋取萬古之凄凉."
67) 『채근담』 전편 3. "君子之心事 天靑日白 不可使人不知 君子之才華 玉韞珠藏 不可使人易知."

이 변화에 응하는 임시적인 편의[權宜]이다.

가난한 선비로서 올바르게 사람을 구제하는 것은 천성으로 베푼 혜택이고, 귀한 집에서 능히 도리를 배우는 것이 바야흐로 마음의 바탕[心地] 위에서 행하는 공부이다.

사람 됨됨이가 한 가지 맛으로 진솔하면 종적이 비록 감추어져 있으나 다시 드러날 것이고, 마음가짐[68]을 만일 조금이라도 깨끗하게 하지 않으면 하는 일이 비록 공적인 것이어도 사사롭게 된다.

일이 없을 때 잠시 한가롭고 잡다한 상념이 있는가를 생각하며, 일이 있는 때 잠시 거칠고 부박한 뜻과 상념이 있는가를 생각하라. 일이 뜻대로 이루어졌을[得意] 때 잠시 교만하게 자부하는 말과 얼굴빛이 있는가를 생각하며, 일이 뜻대로 되지 않을[失意] 때 잠시 더욱 원망하는 정회(情懷)가 있는가를 생각하라. 수시로 검열하며, 점점 많음[多]을 좇아가다가 적음[少]에 들어서고, 있음[有]을 좇아가다가 없음[無]에 들어 도득(到得)[69]하니, 진실로 이것이 학문의 참된 변화 발전[消息][70]이다.

악은 숨는 것을 꺼리고 선은 드러나는 것을 싫어한다. 그러므로 악이 드러난 것은 화가 얕고, 숨은 것은 재앙이 깊다. 선이 드러나면

---

68) 존심(存心): 유가(儒家)의 실천명제. 『맹자(孟子)』 진심편(盡心篇). 머리에 나오는 "자기의 마음을 보존하고 그 본성을 키우는 것은 하늘을 섬기기 위함이다[存其心養 其性所以事天也]"라는 뜻에서 유래함.

69) 도득(到得): 경지에 이르러 깨우침을 얻음.

70) 소식(消息): 천지 시운이 돌고 돌아 자꾸 변화함. 일월(日月)의 내왕 때의 변천. 영고와 성쇠. 안부 상황 또는 새로이 생기는 사실.

공(功)이 적고, 선이 숨으면 공이 크다.71)

화담(花潭) 서 선생72)이 말하기를, "덕은 재주의 주인이고 재주는 덕의 노비이다. 만일 재주가 있고 덕이 없으면 주인 없는 빈집에 노비들이 일하는 것과 같으니,73) (덕이 없으면) 어찌 인류의 떳떳한 도리와 굳센 기상을 다스리겠는가."라고 하였다.

내 마음을 늘 원만하게 유지하면 천하에 반드시 흠결 있는 지방(地方)이 없어지게 된다. 내 마음을 늘 넉넉하고 평안하게 유지하면 천하에 반드시 험하고 치우친 인정(人情)이 없어지게 된다.

노년의 질병은 다 젊은 시절에 불러들인 것이고, 만년(晩年)의 죄업은 모두 젊은 때에 만든 재앙이다. 그런 까닭에 부귀가 한창 번성했을 때[지영리만(持盈履滿)] 군자는 마땅히 더욱 삼가야 할 것이다.74)

남의 작은 허물을 꾸짖지 말며, 남의 사적인 비밀을 발설하지 말며, 사람의 지난날 잘못을 생각하지 말라. 그리하면, 이로써 덕을 기를 수 있고 또한 해를 멀리할 수 있을 것이다.75)

입에 상쾌하고 맛난 음식은 모두 장을 녹이고 뼈를 썩게 만드는 독약이니, 짐작하여 절반[五分]에 그치면 곧 재앙이 없을 것이다. 또

---

71) 『채근담』전편 138. "惡忌陰. 善忌陽. 故惡之顯者禍淺, 而隱者禍深. 善之顯者功小, 而隱者功大."
72) 서경덕(徐敬德, 1489~1546): 시호는 문강(文康). 조선 중기의 학자.
73) 『채근담』전편 139. "德者, 才之主. 才者, 德之奴. 有才無德, 如家無主而奴用事矣, 幾何不魍魎而猖狂."
74) 『채근담』전편 109. "老來疾病, 都是壯時招的. 衰後罪孼, 都是盛時作的. 故持盈履滿, 君子尤兢兢焉." 지영리만(持盈履滿): 부귀가 절정에 이름.
75) 『채근담』전편 105. "不責人小過. 不發人陰私. 不念人舊惡. 三者可以養德, 亦可以遠害."

한 마음에 유쾌한 일[快心之事]은 모두 몸을 망치고 덕을 해치는 나쁜 매개(媒介)니, 짐작해서 절반에 그치면 곧 후회가 없을 것이다.[76]

사사로운 은혜를 파는 것이 공의(公議)를 돕는 것보다 못하며, 새로운 친구를 사귀는 것[결신지(結新知)]이 구호(舊好)를 돈독히 하는 것보다 못하다. 영예로운 이름을 세우는 것이 음덕(陰德)을 씨 뿌리는 것만 같지 못하며, 뛰어난 절개를 숭상함이 용렬한 행동을 삼가는 것보다 못하다.[77]

집안사람인 부모형제의 변고가 있으면 마땅히 격렬하지 않게 조용히 처신해야 하며, 친구와의 교제 중에 실수가 있으면 당연히 간곡하게 충고할 것이니, 이는 눈웃음치며 고분고분해서는 안 되기 때문이다.[78]

공평한 정론에는 손을 대지 않아야 한다. 한번 범하면 만세에 수치를 남긴다. 권문세가의 사두(私竇)에는 발을 붙이지 말아야 한다. 한번 발을 붙이면 죽을 때까지 더러움을 씻지 못한다.[79]

---

[76] 『채근담』 전편 104. "爽口之味, 皆爛腸腐骨之藥. 五分便無殃. 快心之事, 悉敗身喪德之媒. 五分便無悔."
분(分): 10진수를 나타내는 단위. 곧 '오분(五分)'은 '절반'을 뜻함.

[77] 『채근담』 전편 110. "市私恩, 不如扶公議. 結新知, 不如敦舊好. 立榮名, 不如種隱德. 尙奇節, 不如謹庸行."
결신지(結新知): 새로운 친구를 사귀어 지식을 넓힘, 곧 새 친구를 사귐.
구호(舊好): 예로부터 좋은 사이, 오랜 친구.
본문에서는 『채근담』의 원문을 반영했을 뿐 아니라 '변화하는 시대에 필요한 새로운 지식의 습득'이라는 의미도 함께 담고 있다.

[78] 『채근담』 전편 113. "處父兄骨肉之變, 宜從容不宜激烈. 遇朋友交遊之失, 宜凱切不宜優游."
본문에서는 '부형골육'이 '가인골육(家人骨肉)'으로, '우유[우유부단]'가 '미순(媚順, 아양을 떨며 순순히 응함)'으로 표기됨.

[79] 『채근담』 전편 111. "公平正論, 不可犯手. 一犯則貽羞萬世. 權門私竇, 不可著脚. 一著則點汚終身."
사두(私竇): 사리를 탐하는 소굴.

편벽된 믿음[偏信]으로 간사한 자에게 속임을 당하지 말고, 자신의 힘을 과신한[自任] 나머지 객기를 부리지 말라. 자기의 장점으로 남의 단점을 드러내지 말고, 자기의 옹졸함 때문에 남의 능력을 시기하지 말라.80)

남의 단점은 숨겨 감싸 주는[미봉(彌縫)] 것이 필요하니, 만일 이를 드러내서 세상에 알린다면, 이는 단점으로써 단점을 공격하는 것이다. 남의 완고한 행동은 잘 타일러 감화시켜야 하는데, 만일 분격하면 이는 (자신의) 완고함으로 (남의) 완고함을 다스리는 것이다.81)

절개를 곧게 하여 남의 꺼림을 받을지언정, 뜻을 굽혀 사람에게서 기뻐함을 받지 말아야 한다. 죄 없이 사람에게서 헐뜯음을 받을지언정 실속 없이 사람의 칭찬을 받지 말아야 한다.82)

작은 곳[小處]에서도 허술하지[삼루(滲漏)] 않고 어두운 방에서도 속여 감추지 않으며[欺隱], 말로(末路)83)에도 게을러 포기하지[태황(怠荒)] 않는 이가 말하자면 진정한 영웅이다.84)

한가한 중에 헛되이 시간을 보내지[방과(放過)] 않으면 바쁜 중에

---

80) 『채근담』 전편 120. "毋偏信而爲奸所欺. 毋自任而爲氣所使. 毋以己之長而形人之短. 毋因己之拙而忌人之能."
  편신(偏信): 사물의 진상을 캐지 아니하고 한쪽의 말만 편파적으로 믿음.
  자임(自任): 자신의 힘을 과신함.
81) 『채근담』 121~122. "人之短處, 要曲爲彌縫. 如暴而揚之, 是以短攻短. 人有頑的, 要善爲化誨. 如忿而疾之, 是以頑濟頑. 遇沈沈不語之士, 且莫輸心. 見悻悻自好之人, 應須防口."
82) 『채근담』 전편 112. "曲意而使人喜, 不若直躬而使人忌. 無善而致人譽, 不若無惡而致人毁."
  '선(善)'이 '실(實)'로 대체되어 있음.
83) 말로(末路): 말년 또는 일에 실패한 경우.
84) 『채근담』 전편 114. "小處不滲漏. 暗中不欺隱. 末路不怠荒. 纔是個眞正英雄."

수용(受用)85)함이 있고, 고요한 중에 쉼을 게을리[낙공(落空)]하지 아니하면 움직일 때 유용하게 받아씀이 있을 수 있다. 어두운 중에 속이고 감추지[기은(欺隱)] 아니하면, 밝은 곳에서 수용(受用)함이 있을 것이다.86)

깨끗하되 능히 용납함이 있고, 어질되 능히 잘 결단하고[선단(善斷)], 지혜롭되 지나치게 살피지[상찰(傷察)] 않고, 강직하되 바로잡기에 지나치지 않는 것을 일러 '꿀 바른 음식이 달지 않고 해착(海錯)이 짜지 않다.'라고 말한다.87)

참다운 선비는 복을 맞이하는 마음이 없어도 하늘이 곧 그 마음속에 들어가 그 마음을 열어 주고, 음험한 사람은 화를 피하는 데 뜻을 두어도 하늘이 곧 그의 의중에 들어가 그 넋을 빼앗으니, 하늘의 권능이 지극히 신묘함을 알 수 있다. 그러므로 사람의 지혜와 기교가 무슨 이익이 있겠는가.88)

평민이라도 덕을 심고 은혜 베풀기를 즐겨 하면 이는 직위 없는 재상과 같고, 사대부라도 권력을 탐하고 시총(市寵)이 심하면 마침내 지위 있는 걸인이 된다.89)

한 점의 그늘이라도 눈에 있으면 공화(空花)90)가 어지럽게 일어나

---

85) 수용(受用): 유용하게 활용함.
86) 『채근담』 전편 85. "閑中不放過, 忙處有受用. 靜中不落空, 動處有受用. 暗中不欺恩, 明處有受用."
   낙공(落空): 마음의 활동을 쉬어 아무런 생각도 않음.
87) 『채근담』 전편 83. "淸能有容, 仁能善斷, 明不傷察, 直不過矯, 是謂蜜餞不甛, 海味不不鹹, 纔是懿德."
   해착(海錯): 바다의 산물(産物)을 다 갖추어 잘 차린 진귀한 음식.
88) 『채근담』 전편 91. "貞士無心徼福, 天卽就無心處牖其衷. 憸人著意避禍, 天卽就著意中奪其魄."
89) 『채근담』 전편 93. "平民肯種德施惠, 便是無位의公相. 士夫徒貪權市寵, 竟成有爵의乞人."
   시총(市寵): 은총을 사고파는 행위. 본문에서는 높은 지위에 있는 자가 아랫사람에게 작은 친절을 베풀고 보답을 바라는 것.

고, 고운 먼지라도 몸에 묻으면 잡념이 어지럽게 날아오른다. 그늘을 거두면 공화가 떨어질 것이요 먼지를 가두면 잡념이 끊어질 것이다.

총애를 받는 인재 주변에는 욕됨이 함께 기다리니 반드시 의기양양하지 말아야 할 것이고, 곤궁한 배후에는 복이 뒤따르니 또한 무엇을 슬퍼[戚戚] 하겠는가.

옛사람이 한가하게 즐긴 곳에서 요즘 사람들은 문득 일생을 분주하게 보내고, 고인이 실리를 얻은 곳에서 요즘 사람은 곧 한 세월을 헛되게 보낸다. 병의 원인은 헛된 것을 탐하고 망령된 것을 좇아 실속 있는 안목이 열리지 못한 까닭이니, 사람들은 여러 가지를 살펴야 한다.

젊고 건장한[소장(少壯)] 사람은 하는 일마다 뜻을 분명히 하여야 한다. 뜻이 가벼우면 둥둥 떠서 물 위의 오리처럼 행동하는 것과 같으니, 이렇게 하면 어찌 진눈깨비 내리는 날씨에 하늘에 날아오르려고 새의 깃대를 떨치는 것[91]과 같이 무모하지 않겠는가. 쇠약하고 늙은 자는 하는 일마다 정을 잊어야 하니, 정이 다시없이 무거워 보잘것없이 목줄 매인 망아지[92]를 만들어 버리니, 이렇게 되면 어찌 고삐에 묶인 몸을 벗어나겠는가.

재화를 쌓는 마음으로 학문을 쌓고, 공명(功名)을 구할 생각으로 도덕을 구하며, 처자식을 사랑하는 마음으로 부모를 사랑하며, 벼슬

---

90) 공화(空花): 헛된 아름다움.

91) 운초지핵(雲霄之翮): '진눈깨비 내리는 날씨에 날아오르려고 날갯짓을 함.' 곧 무모함.

92) 원하지구(轅下之駒): '끌채에 매인 망아지'라는 뜻으로, 남의 속박(束縛)을 받아서 스스로는 자유(自由)를 얻지 못함, 또는 도저히 그 임무(任務)를 다할 힘이 없음.

자리를 지킬 방책으로 나라를 지켜야 한다. 여기서 나와 저기로 들어가는 것은 다만 털끝 하나 차이가 나지만, 평범함을 넘어 거룩함에 드는 이의 인품은 성연(星淵)93)에 비추어 판별되니, 사람이 어찌 용맹스럽게 생각을 바꾸지 아니하겠는가.

성정(性情)으로 인하여 사사로움에 치우치는 것을 녹여내는 것, 바로 이것이 가장 중요한 학문이고, 가정 안에서 서로 싫어하며 벌어진 틈을 메워내는 것, 바로 이것이 가장 중요한 경륜이다.

공부는 어려운 데서부터 실행하는 것으로 바람을 거슬러 노를 젓는 것 같이 하는 것이며, 이것이 곧 한 단계 나아간 참된 발전[消息]이다. 학문은 어려운 중에 깨달아 얻는 것으로 모래를 헤쳐 금을 얻는 것과 같이 하는 것이며, 이것이 곧 하나의 참된 정신이다.

재주와 지혜가 영민한 자는 마땅히 학문으로 그 조급함을 다스려야 할 것이며, 기개와 절개가 격앙된 자는 마땅히 덕성으로 그 치우침을 바로잡아야 할 것이다.

사람의 욕심이 처음 일어난 처소를 찾아 잘라 없애면 곧 새로운 싹을 급히 베어내는 것과 같으니, 그 공부가 매우 쉽고, 하늘의 이치가 잠시 밝아진 때로부터 보존하고 길러주면[保養], 문득 먼지 낀 거울을 되풀이해서 닦는 것과 같아서 그 광채가 다시 새로워질 것이다.

사람의 말로 사물의 이치를 깨달은 자는 깨달음이 있어도 다시 길

---

93) 성연(星淵): 세월과 근본.

을 잃게 되니, 무릇 스스로 깨달아 얻는 명백함[了了]만 못하다. 바깥의 사물을 좇아 의미를 깨달은 자는 깨달음이 있어도 다시 잃어버리고 말 것이니, 스스로 깨달아 선정에 깃드는 것보다 못하다.

제5 세상 형편에 따름[응세(應世)]

선비와 군자는 세상을 살아가면서 사람에게서 생기는 기쁨과 노여움을 가벼이 하지 않아야 한다. 기쁨과 노여움이 가벼우면 곧 가까이 하는 사람과 속마음을 모두 남들이 엿보게 된다. 물건에 대한 애증(愛憎)을 소중히 하지 말 것이니, 애증을 소중히 여기면 곧 의기와 정신이 모두 물건에 얽매이게 된다.

추강(秋江) 남 선생[94]이 말하기를, "쉬파리가 달리는 말에 붙으면[95] 날래고 날래나, 멈춘 뒤에는 부끄러움을 면하기 어렵다. 겨우살이가 소나무에 의지하면 높고 높으나, 우러러보며 의지하는 부끄러움을 사양하지 못할 것이다. 그러므로 군자가 차라리 몸에 바람과 서리를 쌓을망정 어찌 남의 사냥 때 부리는 매와 개가 되겠는가." 하니, 대장부가 처세를 비루하게 하면 어찌 이름과 절개를 이루겠는가.

---

94) 남효온(南孝溫, 1454~1492): 시호는 문숙(文肅). 조선 단종 때 문신. 생육신의 한 사람.

95) 창승부기 미치천리(蒼蠅附驥 尾致千里): '쉬파리 혼자서는 먼 길을 갈 수는 없지만 천리마의 꼬리에 붙으면 천릿길도 갈 수 있다'는 뜻으로, '범인(凡人)이 현자(賢者)에게 달라붙어 공명(功名)을 이룸'을 이름.

율곡 선생이 말하기를, "선비와 군자는 사람을 구제하고 만물을 이롭게 하려면 마땅히 그 실질에 머물러야지 명분에 머물러서는 안 된다. 명분에 머물게 되면 곧 덕이 무너지고 만다. 경대부가 나라를 걱정하고 백성을 위하려면 마땅히 그 마음(心)을 두어야지 말(言)에 두지 말아야 한다. 말에 두면 (나라를 걱정하고 백성을 위하는 마음이) 곧 훼손되고 만다."라고 하였다.

이런 까닭에 예로부터 현인과 군자는 세상에 나아가 일을 처리함에 있어서 본질과 명분이 다르지 않았고, 말과 행동이 어긋나지 않았다.

포은(圃隱) 정(鄭) 선생[96]이 말하기를, "평상시에는 욕망을 쉬고 몸을 아껴두었다가도 죽기를 각오하고 절개를 지켜야 할 때를 맞이하면 능히 사람의 천성과 명을 따를 수 있고, 집안을 다스릴 때에는 수입을 헤아려 지출하다가도 사람이 마땅히 행해야 할 대의를 맞으면 천금도 버릴 수 있어야 한다."라고 하였다.

이런 까닭에 대사(大事)를 만나도 자기 능력을 믿는 사람은 작은 일에 반드시 자만하고, 밝은 집 뜰에 머물러서도 단속하고 삼가는 사람은 어두운 방에서는 반드시 제멋대로 행한다. 때문에 군자의 마음과 행동 [심행(心行)]은 작은 일에 임해서도 대적(大敵)을 대하는 것 같이 하고 어두운 방에 앉아 있어도 대로(大路)에서 행동하는 것과 같이 한다.

어우(於于) 유(柳) 선생[97]이 말하기를, "자신의 정욕은 가히 쫓지 못할 것이니, 마땅히 거스르는 방법으로 제어해야 할 것이니, 그 방도가 '참을 인(忍)' 한 글자에 있다. 다른 이의 정욕은 결코 떨치지 못할 것이니, 마땅히 순응하는 법으로 조절해야 할 것이니, 그 방도

---

96) 정몽주(鄭夢周, 1337~1392): 고려 말 충신. 시호는 문충(文忠).
97) 유몽인(柳夢寅, 1559~1623): 조선조 광해군 때 사람으로 문신, 학자.

가 '용서할 서(恕)'한 글자에 있다."라고 하였다.

요즘 사람들은 모두 다 자기에게 너그러움을 적용하고, 남들에게는 참으라고만 하니 이 또한 옳지 못한 것이 아닌가.

세밀히 살피는 것[세찰(細察)]이 밝음[明]이 아니라 능히 살필 것을 능히 살피지 아니하는 것을 밝음이라 말할 수 있고, 반드시 이기는 것[必勝]이 용맹[勇]이 아니라 능히 이길 수 있는 것을 능히 이기지 아니함을 용맹이라 말할 수 있다.

백사(白沙) 이(李) 선생98)이 매번 일컬어 말하기를, "명보(明甫)99) 같은 사람은 한 시대에 뛰어난 그릇이라 할 수 있다. 때를 따르는 마음에서 능히 때를 구하는 것이 산들바람이 혹독한 더위를 없애는 듯하며, 세속에 혼란한 마음에 능히 세속을 총괄함이 으스름한 달이 엷게 낀 구름에 비추이듯 하는구나."라고 하였다.

담암(澹庵) 백(白) 선생100)은 세상 살아가는 이치를 그 자식들에게 훈계하며 말하기를, "친구를 사귀는 자는 그 마지막에 쉽게 소원해지기보다는 차라리 그 시작에서부터 어렵게 사귈 것이고, 물건을 맡아 관리하는 자는 훗날 약삭빠르게 물건을 손에 넣으려 하기보다 차라리 그 전에 서툴게나마 물건을 지키려고 해야 할 것이다."

이런 까닭에 혹독한 화는 많이 희롱하는 사람에게서 생겨나고, 넘치도록 가득한 공로는 평범하고 자질구레한 일에서 무너지는 것이

---

98) 이항복(李恒福, 1556~1618): 시호는 문충공. 조선 중기의 문신, 정치가. 오성 부원군.
99) 이덕형(李德馨, 1561~1613): 조선 중기의 문신. 호는 한음(漢陰). 이항복과의 돈독한 우정으로 오성과 한음의 일화가 전해짐.
100) 백문보(白文寶, ?~1374): 시호는 문간. 고려 후기의 문신.

다. 이런 이유로 사람마다 모두 좋다 하여도 한 사람의 원망을 조심스럽게 막아내야 하고, 하는 일마다 모두 공이 있어도 나머지 한 가지 일을 조심스럽게 매듭지어야 한다.

원수의 화살을 피하기는 쉬우나 은인의 창을 막기 어렵고, 어려운 때에는 고생을 면하기는 쉬우나 즐거운 곳에 있는 함정은 벗어나기 어렵다.
이런 까닭에 진창에 더럽혀지고 어지러움에 더해지는 만병(萬病)의 뿌리가 '그리울 연(戀)' 한 글자에 있고, 모난 것을 따르고 원만한 것을 쫓아내는 법은 그때그때의 처지에 '인내할 내(耐)' 한 글자에 있다.

홀로 우뚝한[낙락(落落)] 사람은 합하기가 어려우나 또한 나누기도 어렵고, 쉽게 좋아하고 기뻐하는[흔흔(欣欣)] 자는 친하기는 쉬우나 또한 멀어지기도 쉽다.

오음(梧陰) 윤 선생[101]이 말하기를, "장부의 뜻과 기세가 천하와 더불어 서로 기약하는 것은 봄바람이 만물을 고창(鼓暢)함과 같으니, 마땅히 조금이라도 틈이 생기는 모습은 보존하지 못할 것이다. 장부의 속마음[간담(肝膽)]이 천하와 더불어 서로 비추는 것은 가을 달이 만물에 막힘없이 환하게 통함과 같으니, 마땅히 터럭만큼도 애매한 모습을 짓지 못할 것이다."라고 하였다.
선비와 군자는 성실한 마음으로 세상을 살아가면서[지심처세(持心處世)] 천하를 하나의 집으로 보아야 한다. 군왕 섬기기를 부형(父兄)과 같이 하며, 백성 부리기를 자제(子弟)와 같이 하고, 정사(政事)에 힘쓰기를 집안 살림을 돌보는 것[치산(治産)]같이 하여야, 천하의 대

---

101) 윤두수(尹斗壽, 1533~1601): 시호는 문정(文靖). 조선 중기의 문신, 성리학자.

사업을 기대할 수 있는 것이다.

일 없는 때라도 항상 일이 일어났을 때처럼 방비하여야 뜻하지 않은 변고를 그치게 할 수 있고, 일이 일어났을 때라도 항상 일이 없는 때와 같이 마음을 가라앉혀야 당면한 위험을 없앨 수 있다.

이(齒)는 없어지나 혀(舌)는 오래도록 남으니, 강하고 굳센 것이 부드러움만 못하다. 문은 썩으나 돌쩌귀는 좀이 슬지 않으니, 편집(偏執)102)이 원융(圓融)103)만 못하다.

제 몸 처신하기를 태산(泰山)과 구정(九鼎)104) 같이 하여 의연히 흔들리지 않으면 잘못105)이 저절로 줄어들 것이고, 일에 응하기를 흐르는 물에 떠가는 낙화같이 유유히 맡겨 버리면 취미106)가 자연히 많아지게 될 것이다.

정 문익공(文翼公)107)은 평생에 국사(國事)를 스스로 떠맡아 잠깐이라도 경솔함이 없었다. 일찍이108) 말하기를, "일을 만나매 한결같이 안정되고 조용하면 비록 문란함이 뒤엉킨 실과 같아도 끝내 그 일을 이룰 것이요, 사람을 대하매 일관되게 믿고 삼가며 온후하면 비록 교활함이 산 귀신과 같아도 마지막에는 순리로 돌아올 것이다."라고

---

102) 편집(偏執): 편견을 고집하고, 남의 말을 듣지 않음.
103) 원융(圓融): 원만하여 막힘이 없음.
104) 구정(九鼎): 중국(中國)의 우왕(禹王) 때 구주(九州)에서 금을 모아 만든 솥. 하(夏)·은(殷) 이래(以來)로 천자(天子)에게 전(傳)하여 오는 보물(寶物)임.
105) 건우(愆尤): 잘못, 실패, 과오.
106) 취미(趣味): 즐기기 위해 하는 일. 여기서는 '감흥을 느끼어 마음이 당기는 멋'을 의미함.
107) 정광필(鄭光弼, 1462~1538): 조선 전기의 문신.
108) 원문에는 '甞'('甞'은 '嘗'의 이형자).

하였다.

지초(芝草)는 씨앗이 없고 예천(醴泉)109)은 근원이 없으니, 지사(志士)는 마땅히 용기 있게 떨치고 일어나[용분(勇奮)] 스스로 기약함[自期]을 높게 할 것이다. 채색이 든 구름[채운(彩雲)]은 흩어지기 쉽고 유리(琉璃)는 무르기 쉬우니, 달인은 마땅히 뒤돌아보아 도회(韜晦)110)를 일찌감치 해야 할 것이다.

역경과 곤궁은 잠깐 겪는 괴로운 인연이지만, 진실로 호걸(豪傑)을 단련하는 한 벌의 화로와 망치이다. 능히 그 단련을 받은 자는 심신이 변하여 정금(正金)처럼 되고, 단련 받지 못한 자는 나중에는 둔철(鈍鐵)111)이 제값에 팔리지 못하는 것처럼 된다.112)

지봉(芝峯) 이 선생113)은 두 가지의 교훈으로 세상 사람을 훈계하여 말하기를, 첫째 "남을 해치려는 마음을 가져서는 안 되고, 남의 해를 막으려는 마음이 없어서도 안 된다."라고 하였으니, 이는 생각의 소홀함 때문에 해를 당하는 것을 경계하는 것이다. 둘째, "차라리 남의 속임을 당할지언정 남의 속임수를 거스르지 말라."라고 하였으니, 이

---

109) 지초(芝草)와 예천(醴泉): 상서(祥瑞)로운 현상의 예. 1. 보통 지초와 예천에 근본이 있듯이 모든 훌륭한 사람, 일에는 근원이 있다. 2. 부귀공명(복)은 정해져 있지 않다. 여기서는 2의 뜻으로 사용됨. '예천(醴泉)'은 중국(中國)에서, 태평(太平)한 때에 단물이 솟는다는 샘.

110) 도회(韜晦): 재능이나 학식 따위를 숨겨 감추거나, 종적을 감춤. 여기서는 앞의 의미임. 채운과 유리가 현재는 화려하다고 하더라도 쉽게 무너지듯이 달인은 재능과 학식을 숨기고 자중해야 한다는 뜻.

111) 둔철(鈍鐵): 무딘 쇠 또는 쇳덩이.

112) 본문 내용은 『채근담』前集 127에서 전거를 찾을 수 있으나 서술 내용은 다소 다르다. 『채근담』의 내용은 다음과 같다. "역경과 곤궁은 호걸을 단련하는 한 벌의 화로와 망치이니, 능히 그 단련을 받으면 몸과 마음에 모두 이롭고, 단련을 받지 않으면 몸과 마음에 모두 해가 된다(橫逆困窮, 是煆煉豪傑的一副鑪錘. 能受其煆煉, 則身心交益. 不受其煆煉, 則身心交損)."

113) 이수광(李睟光, 1563~1628): 조선 중기의 유학자 문학자.

는 미루어 살피다가 다치게 되는 것을 경계한 것이다. 이 두 가지 말을 함께 간직하면 생각이 밝아지고 또 덕행이 두터워질 것이다.114)

많은 사람들의 의심 때문에 자기만의 생각을 버리지 말고, 내 뜻을 주장하여 남의 말을 막지 말아야 할 것이다. 작은 은혜에 사사로이 얽매여 대체(大體)를 그르치지 말아야 하고, 공론을 빌려 사사로운 감정을 해결하려고 해서는 안 된다.115)

절의(節義)가 청운(靑雲)을 업신여기고 문장(文章)이 백설(白雪)보다 높아도, 덕성(德性)으로 도야(鉤鎔)하지 못하면 마침내 사사로운 혈기 때문에 사사로움과 기능의 말단에 머물고 만다.116)

율곡(栗谷) 이 선생이 말하기를, "일에서 물러나려면 전성기[盛滿]117)에 할 것이고, 몸을 머물게 하려면 홀로 뒤처진[獨後]118) 땅에 할 것이다.119) 덕을 삼가려면 지극히 사소한 일에 하고 은혜를 베풀려면 갚지 못할 사람에게 하라."120)라고 하였다.

---

114) 『채근담』 前集 129. "害人之心, 不可有. 防人之心, 不可無. 此戒疎於慮也. 寧受人之欺, 毋逆人之詐. 此警傷於察也. 二語並存, 精明而渾厚矣."
115) 『채근담』 前集 130. "毋因群疑而阻獨見. 毋任己意而廢人言. 毋私小惠而傷大體. 毋借公論而快私情."
　　　본문에서는 '임(任)'이 '주(主)'.
116) 『채근담』 前集 154. "節義傲靑雲, 文章高白雪, 若不以德性陶鎔之, 終爲血氣之私技能之末."
　　　원문(아래 각주 참조)에는 '鉤鎔'이 아니라 '陶鎔'로 되어 있음.
　　　청운(靑雲): 높은 벼슬이나 지위.
　　　백설(白雪): 이름 난 문장.
117) 성만(盛滿): 넘치도록 가득 참. 또는 집안이 번성함.
118) 독후(獨後): '독후지지(獨後之地, 남들이 모두 싫다고 남겨둔 자리)'에서 온 말.
119) 본문에서 율곡 선생의 언급은 『채근담』 前集 155에 근거한다. "일을 사양하고 물러서는 것은 마땅히 전성의 때를 가려서 할 것이요, 처신하는 것은 마땅히 홀로 남겨진 자리에 머물 것이다(謝事, 當謝於正盛之時. 居身, 宜居於獨後之地)."
120) 『채근담』 前集 156. "謹德, 須謹於至微之事. 施恩, 務施於不報之人."

덕(德)이란 사업의 기초이니, 기초가 튼튼하지 못하고서는 집의 마루와 처마 끝이 견고하다고 해서 오래가지 않는 법이다.121) 마음[心]은 세상을 잘 다스리는[治平]의 뿌리이니, 뿌리가 내리지 못하고서는 가지와 잎이 무성할 수 없다.122)

이치[도(道)]를 배우는 사람은 비록 마음이 있어도 항상 평정에 머물러 원숭이와 말[猿馬]123)의 편안하지 못함[미령(未寧)]124)과 같지 않아야 하고, 마음이 없어도 항상 지혜로움에 머물러 나무와 돌이 움직이지 않는 것과 같아야 한다.

하서(河西) 김 선생125)이 말하기를, "근면[勤]이란 것은 덕의(德義)에 민첩하고자 하는 것이니, 세상 사람은 근면함을 빌려 그 가난을 구제한다. 검소함이란 것은 재물의 이익에 담담하고자 하는 것이니, 소인배들은 검소함을 가장하여 인색함[吝]을 꾸미는구나. '근검(勤儉)' 두 글자는 군자가 처신하는 징표와 약속(符契)이지만, 도리어 소인배들에게는 사사로운 이익을 꾀하는 도구가 되었으니 어찌 애석하지 않은가."126)라고 하였다.

은혜(恩)를 베풀되 마땅히 담백함[淡]에서 시작해서 짙음[濃]으로 나아가야 한다. 먼저 짙고 나중에 담백하면 사람들은 그 은혜를 잊

---

121) 『채근담』 前集 158. "德者, 事業之基. 未有基不固而棟宇堅久者."
122) 『채근담』 前集 159. "心者, 後裔之根. 未有根不植而枝葉榮茂者."
　　『소학독본』 본문에는 '후예'가 '치평(治平)'으로 되어 있음.
123) 심원의마(心猿意馬): 마음은 원숭이 같고 뜻은 말이 뛰는 것 같다. 번뇌가 가득한 중생의 마음이 잠시도 잠잠하지 못하고 늘 어지러운 상태.
124) 원마미령(猿馬未寧): 원숭이와 말과 같이 불안정한 상태.
125) 김인후(金麟厚, 1510~1560): 시호는 문정(文正). 조선 중기의 유학자, 문신.
126) 『채근담』 前集 166. "勤者 敏於德義 而世人 借勤以濟其貧 儉者 淡於貨利 而世人 假儉以飾其吝 君子持身之符 反爲小人營私之具矣 惜哉."

는다. 위엄[威]은 마땅히 엄격함[嚴]에서 시작하여 차차 너그러움[寬]으로 나아가야 한다. 너그러움을 먼저 하고 엄격함을 나중에 하면 사람들은 혹독하다고 원망하게 된다.[127]

선비와 군자[128]는 혹시라도 권세 있는 지위에 앉게 되면 몸가짐[操履][129]을 엄격하고 명백해야 하며, 마음[心氣]을 온화하고 평범하게 해야 한다. 잠시라도 비린내 나는 무리를 좇아서 가까이하지 말고, 또한 잠시라도 너무 격렬하여 벌이나 전갈 같은 소인배의 독을 범하지 말아야 한다.[130]

음모와 괴이한 술책[131], 이상한 행동, 기이한 재주는 모두 세상을 살아가는 데 재앙의 씨앗(禍胎)이 되니, 다만 하나의 평범한 덕행을 시종일관함으로써 화평(和平)을 불러들일 수 있다.[132]

나의 마음을 어둡게 하지 말고, 남의 정을 털어내지 말며, 재물을 탕진하지 말라. 이 세 가지를 몸소 실행함으로써 천지(天地)를 위하여 마음을 세우고, 백성[生民]을 위하여 목숨을 세우며, 자손[後世]을 위하여 복을 세울 수 있다.[133]

관직에 있을 때 두 가지 교훈이 있으니, "공정[公]하면 밝음[明]이 생기고, 청렴[廉]하면 위엄[威]이 생긴다."라는 것이다. 집안을 다스

---

127) 『채근담』 前集 170. "恩宜自淡而濃 先濃後淡者 人忘其惠 威宜自嚴而寬 先寬後嚴者 人怨其酷."
128) 사군자(士君子): 학문이 있고 덕행이 높은 사람.
129) 조리(操履): 마음으로 지키는 지조(志操)와 몸으로 행하는 행실(行實).
130) 『채근담』 前集 177. "士君子處權門要路, 操履要嚴明, 心氣要和易. 毋少隨而近腥羶之黨, 亦毋過激而犯蜂蠆之毒."
131) 『채근담』 원문(각주 81)에는 '괴술(怪術)'이 아니라 '怪習'으로 되어 있음.
132) 『채근담』 181. "陰謀怪習異行奇能, 俱是涉世之禍胎. 只一個庸德庸行, 便可以完混沌而召平和."
133) 『채근담』 185. "不昧己心. 不盡人情. 不竭物力. 三者可以爲天地立心, 爲生民立命, 爲子孫造福."

릴 때 두 가지 교훈이 있으니, "너그러우면[恕] 화목하고, 검소하면
[儉] 살림[用]이 넉넉해진다."134)라는 것이다.

소인을 멀리하되 원수를 맺지 말라. 소인도 스스로 무리를 지은
부류가 있다. 군자와 사귀되 아첨하지 말라. 군자는 원래 사사로운
정[私情]이 없다.135)

규암(圭菴) 송(宋) 선생136)은 자식을 훈계하여 말하기를, "남들과
뜻이 어긋나는 것[拂意]을 걱정하지 말며, 마음에 흡족함[快心]을 기
뻐하지 말며, 오래도록 편안함[구안(久安)]을 믿지 말고, 처음 맞이하
는 어려움[初難]을 꺼리지 말라."라고 하였다.137)

이런 까닭에 『역전(易傳)』138)에 이르기를, "용과 뱀이 숨은 것은
생존에 이롭기 때문이며, 자벌레139)가 몸을 구부리는 것은 배(倍)로
펴는 것이 이롭기 때문이다."140)라고 하였다.

공자가 말하기를, "하늘의 도[천도(天道)]는 가득함[盈]을 이지러
지게 만들고 겸손함[謙]을 더하며[益], 땅의 도[지도(地道)]는 가득한 것을
변하게 만들어 겸손함을 더하고, 사람의 도[인도(人道)]는 가득한 것
을 미워하고 겸손함을 좋아하며, 귀신은 가득한 것을 해치고 겸손함
을 복되게 한다."라고 하였다.141)

---

134) 『채근담』 186. "居官, 有二語, 曰惟公則生明, 惟廉則生威. 居家, 有二語, 曰惟恕則情平, 惟儉則
用足."
135) 『채근담』 前集 189. "休與小人仇讐, 小人自有對頭. 休向君子諂媚, 君子原無私惠."
136) 송인수(宋麟壽, 1499~1547): 시호 문충(文忠). 조선 중기의 문신.
137) 『채근담』 前集 200. "毋憂拂意. 毋喜快心. 毋恃久安. 毋憚初難."
138) 『역전(易傳)』: 송대(宋代) 유학자 정이천(程伊川)이 1099년에 『역경』을 주석한 책.
139) 척확(尺蠖): 자벌레. 자나방과의 곤충(昆蟲)을 통틀어 이르는 말
140) 『周易』 繫辭 下編 第五章. "尺蠖之屈以求信也 龍蛇之蟄以存身也."
141) 『周易』 地山謙卦, '盈謙'

이런 까닭에 사람의 도는 온화하고 어질고 공손하며 검소한[온양공검(溫良恭儉)] 가운데 온갖 일[萬事]을 만들어 내며 온갖 복[百福]을 불러들인다.

대인(大人)은 두려워하지 아니 할 수 없으니, 대인을 두려워하면 제멋대로 날뛰는[放逸] 마음이 없게 되기 때문이다. 백성[小民]을 또한 두려워하지 않을 수 없으니, 백성을 두려워하면 호기 있고 포악한[豪橫] 이름[名]이 없게 되기 때문이다.[142]

선비와 군자가 가난하여 재물로 구제할 수는 없다 해도, 다른 사람이 어리석고 혼미한 일을 겪으면 한 마디 말로 일깨워 주고, 위급하고 어려운 일을 당했을 때 한 마디 말로 구해 준다면 이것 또한 측량할 수 없는 공덕이다.[143]

인생에는 헛된 풍경[幻景]과 참된 풍경[眞景]이 있다. 헛된 것[幻]으로 보면 부귀공명(功名富貴)으로부터 내 몸[肢體]까지 모두 빌려 가진 형체[外物][144]이고, 참된 것[眞]으로 보면 부모형제(父母兄弟)로부터 천하만물(天下萬物)까지 모두 나와 한 몸이 아닌 것이 없다. 사람이 능히 헛된 것과 참된 것 두 가지 안목으로 간파하면, 이로써 천하를 지고 메는[擔負] 것을 맡을 수 있고, 이로써 세간의 굴레[韁鏁]를 벗어날 수 있을 것이다.[145]

---

142) 『채근담』 前集 214. "大人不可不畏. 畏大人則無放逸之心. 小民亦不可不畏. 畏小民則無豪橫之名."
143) 『채근담』 前集 142. "士君子, 貧不能濟物者, 遇人痴迷處, 出一言提醒之, 遇人急難處, 出一言解救之, 亦是無量功德."
144) 외물(外物): 바깥 세계의 사물 또는 자기 것이 아닌 남의 물건.
145) 『채근담』 前集 103. "以幻迹言, 無論功名富貴, 卽肢體亦屬委形. 以眞境言, 無論父母兄弟, 卽萬物皆吾一體. 人能看得破認得眞 纔可任天下之負擔, 亦可脫世間之韁鏁."

부귀와 명예가 도덕에서 온 것이면 숲속의 꽃과 같아서 저절로 자라나 무성할 것이다. (부귀와 명예가) 공업에서 온 것이면 화분이나 화단에 핀 꽃과 같아서 이리저리 옮겨지고 흥함과 쇠할 것이다. 만일 (부귀와 명예가) 권세로 얻는 것이면 그 뿌리를 내리지 못해 그 시듦을 곧 보게[입대(立待)] 될 것이다.[146]

이미 실패한 일을 구하려는 자는 절벽에 다가선 말을 길들이는 것과 같으니 한 번의 채찍질도 가벼이 하지 말아야 한다. 성취한 공적을 남기고자 하는 자는 여울을 거슬러 오르는 배를 끄는 것과 같으니 한 번의 노 젓기를 멈추는 일이 없어야 한다.[147]

은혜를 사고파는 것은 덕을 갚는 후의(厚意)만 못하고, 분노를 표명하는 것은 치욕을 참아 내는 고상한 뜻만 못하다.

토정(土亭) 이 선생[148]이 스무 살 무렵에 화담(花潭) 서 선생에게서 『주역』을 배울 때 근처에 있는 상인의 집에서 유숙하였다. 그 집 아낙의 미모가 뛰어났으나 토정 선생은 오가는 길에 눈길조차 머물지 아니하였다. 하루는 그 부인네가 남편에게 행상 나가기를 재촉하였다. 지아비가 의심하여 외출하는 척하며 멀리서 엿보았다. 해가 떨어져 토정이 등불을 밝히고 책을 읽고 있었다. 부인네가 등잔 곁에 앉아서

---

146) 『채근담』 前集 59. "富貴名譽, 自道德來者, 如山林中花, 自是舒徐繁衍. 自功業來者, 如盆檻中花, 便有遷徙廢興. 若以權力得者, 如瓶鉢中花, 其根不植, 其萎可立而待矣."
서서번연(舒徐繁衍): 천천히 드러나 널리 번성함.
천사폐흥(遷徙廢興): 이리저리 옮겨지고 흥함과 쇠함.
입대(立待): 서서 기다림. 또는 서서 기다릴 만큼 빨리 보게 됨.
147) 『채근담』(應酬). "救飢敗之事者 如馭臨崖之馬 休輕策一鞭. 圖垂成之功者 如挽上灘之舟 莫少停一棹." *전거 부정확함.
148) 이지함(李之菌, 1517~1578): 조선 중기의 학자. 한산(韓山) 사람으로 『토정비결』의 저자로 전해짐.

유혹하며 희롱하는 것이 심했다. 토정이 응하지 않고 이치를 들어가며 크게 꾸짖자 부인네가 부끄러워하며 울었다. 남편이 바깥에서 몰래 엿보고 있다가 상황을 다 알아차렸다. 아낙의 남편이 밤중에 화담 선생 집으로 곧바로 가서 문을 두드리며 들어가 말하기를, "선생의 문하에서 학문하는 선비는 진정으로 성인149)입니다." 하고 그 연유를 모두 털어놓았다. 그러자 화담이 듣고 놀라며 토정이 묵고 있는 집으로 곧장 가서 칭찬하며 말하기를, "그대는 경덕(敬德)150)의 스승이요 경덕의 친구가 아니다. 더구나 배움을 받을까 보냐."라고 하였다.

배우는 자가 진실한 마음으로 몸소 실천하는[실심천리(實心踐履)] 합당함이란 이러한 모습이다.

배우는 자는 익히는 바를 이해하여 (지행이) 하나 되게 하고[融會], 마음의 줏대를 단단히 세워, 훗날 임금을 섬기며 백성을 다스릴 때 간사한 인간[奸人]의 과오를 범하지 않아야 한다.

공자께서 말씀하기를, "또한 희다 아니하겠는가, 검은 물을 들여도 검게 물들지 아니하니 또한 굳세다 아니 하겠는가, 갈아도 엷어지지 아니한다."151)라고 하였다.

이처럼 한 후에야 임금을 받들고 사직(社稷)을 떠받드는 지주152)가 되는 것이다.

『소학독본』 끝

---

149) 성인(聖人): 사리에 통달하고 덕과 지혜가 뛰어나 길이 우러르며 만인의 스승이 될 만한 사람
150) 경덕(景德): 화담(花潭)의 이름.
151) 『論語』「陽貨」: "子曰, 然, 有是言也. 不曰堅乎, 磨而不磷, 不曰白乎, 涅而不緇."
152) 지주(砥柱): 격류 속에서도 움직이지 아니한다는 중국 황하강의 돌기둥. 어려운 시기에도 지조를 굳세게 지키는 사람을 비유적으로 이름.

소학독본

학부 편집국 편찬

(원전)

孔子ㅣ曰샤 호ᄃ 白타아니ᄒ랴 涅ᄒ여도 緇치아니
ᄒ며 샤호 堅타아니ᄒ랴 磨ᄒ여도 磷치아니ᄒ다
ᄒ시니라
如是ᄒ後에야 君을奉ᄒ며 社ᄅ룰扶ᄒᄂᆫ 砥柱가되
ᄂᆞ니라

小學讀本 終

ㅣ愧泣ᄒᆞ더니 其夫ㅣ在外窺視ᄒᆞ야當場懇色을

다알고夜間에花潭宅으로直赴ᄒᆞ야門을叩ᄒᆞ고

入日先生의門下에學文ᄒᆞᄂᆞᆫ士ㅣ眞箇聖人이라

ᄒᆞ고그緣由를다陳說ᄒᆞ되花潭이警聽ᄒᆞ고土亭

寓에卽徃ᄒᆞ야謝曰公이敬德花潭의師ㅣ오敬德

의友ㅣ아니라ᄒᆞ며業을受ᄒᆞᆯ가보나ᄒᆞ니學者

의實心踐履가合當이러ᄒᆞᆯ지니라

學者의習ᄒᆞᆫ비融會ᄒᆞ고心柱가堅히立ᄒᆞ여사後

日의君을事ᄒᆞ며民을臨ᄒᆞ미奸人의誤ᄒᆞᄂᆞ비되

지아니ᄒᆞᄂᆞ니라

못홀지니라

恩을 市홈이 報德호눈 厚意만 갓지 못호고 怨을 雪
홈이 忍耻호눈 高趣맛 갓지 못호니라

土亭李先生이 韓山人(名之菡)妙年에 花潭徐先生긔 周易
을 受홀세 比隣商賈의 집에 寓居호더니 王婦가 姿
色이 絶倫호디 先生이 往來에 留眼치 아니호더니

一日은 厥婦ㅣ 其夫의 商行을 促호거놀 其夫ㅣ 疑
호야 伴出호야 瞰窺호더니 日이 昏호미 土亭이 明
燈호고 讀書호거늘 厥婦ㅣ 燈邊의 坐호야 挑戲가
甚호디 土亭이 不應호고 舉理호야 大責호디 厥婦

히여 天下擔負롤 任홀거시오 可히며 世間轡鎖롤
脫홀지니라

富貴와 名譽가 道德으로 從來호者는 山林中花갓
타스스로 舒徐繁衍호고 功業으로 從來호者는 盆
檻中花와 갓타문듯 遷徙廢興호態가 잇고 만일 權
勢로 得호者는 그根이 植지못호야 그凋萎홈을 可
히立待호리라

旣敗호 事롤 救호는者는 臨崖호 馬롤 御홈과 如호
니 一鞭이라도 輕히 말거시오 垂成호 功을 圖호는
者는 上灘호는 舟롤 挽홈과 如호니 一棹라도 停치

二十七 一

58

放逸호 心이 無호니 라小民을 또호 畏치아니치못

홀거시니 小民을 畏호則豪橫호 名이 無호니라

士君子ㅣ 貧호야 能히 物을 濟치 못호는者ㅣ 人

의急難호 事를 當호거든 一言을 出호야 救解호면

癡迷호 事를 遇호거든 一言을 出호야 提醒호며 人

이도坴호 無量호 功德이니라

人生이 幻景과 眞景이 잇스니 幻으로볼진디 功名

富貴로부터 吾의 肢體써지 無非外物이오 眞으로

볼진디 父母兄弟로붓터 天下萬物써지 無非一體

니 人이 能히 幻眞二景을 大眼으로 看破호여사 可

57

是故로易傳에曰龍蛇의蟄ᄒᆞᆷ은存ᄒᆞᆷ에利ᄒᆞᆷ이오

尺蠖의屈ᄒᆞᆷ은信ᄒᆞᆷ에利ᄒᆞᆷ이라ᄒᆞ니라

孔子ㅣ曰天의道ᄂᆞᆫ盈을虧ᄒᆞ고謙을益ᄒᆞ며地의

道ᄂᆞᆫ盈을變ᄒᆞ야謙에益ᄒᆞ며人의道ᄂᆞᆫ盈을惡ᄒᆞ

고謙을好ᄒᆞ며鬼神은盈을害ᄒᆞ고謙을福ᄒᆞ다ᄒᆞ

니라

是故로人의道ᄂᆞᆫ溫良恭儉ᄒᆞᆫ中에萬事ᄅᆞᆯ做ᄒᆞ며

百福을招ᄒᆞᄂᆞ니라

大人은可히畏치아니치못ᄒᆞ지니大人을畏ᄒᆞᆫ則

卜筮寶鑑 四一

心을 立홀거시오 生民을 爲하야 命을 立홀거시

오 後世를 爲하야 福을 立홀거시니라

官에 居하미 二戒가 잇스니 曰公하면 明이 生하고

廉하면 威가 生하나니라 家에 居하미 二戒가 잇스

니 曰恕하면 情이 和하고 儉하면 用이 足하니라

小人을 遠호되 仇怨을 作지 말나 小人도 스스로 黨

類가 잇나니라 君子로 交호되 諂諛를 納치 말나 君

子는 본듸 私情이 업나니라

圭菴宋先生이 名麟壽 諡文忠 子를 戒하여 曰拂意를 憂치

말며 快心을 喜치 말며 久安을 恃치 말며 初難을 憚

55

寬을 先호고 嚴을 後호면 人이 酷을 怨호느니라

士君子ㅣ 或權門과 勢路에 處호미 操履는 嚴明이 호고 心氣는 和易히 호야 暫時라도 腥羶의 黨을 隨호야 近히 말거시오 暫時라도 蜂蠆의 毒을 激호야 犯치 말지니라

陰謀와 怪術과 異行과 奇能이다 涉世호는 禍胎니 다만 一箇庸德과 庸行이야 可히 뻐 始終에 一호며 和平을 招호느니라

我의 心을 昧치 말며 人의 情을 拂치 말며 物과 財를 竭치 말지니 三件을 體行호면 足히 뻐 天地를 爲호

慧에 寓ᄒᆞ야 木石의 不動과 同케말지니라

河西金先生이 名諱 文正 麟厚 曰 勤이란者ᄂᆞᆫ 德義를 敏코

져홈이여늘 世人이 勤을 借ᄒᆞ야 뼈 그 貪을 濟ᄒᆞ며

儉이란者ᄂᆞᆫ 貨利에 澹코져홈이어늘 小人이 儉을

假ᄒᆞ야 뼈 그 吝을 飾ᄒᆞᄂᆞ니 다 勤儉二字가 君子의 持

身ᄒᆞᄂᆞᆫ 符契어늘 도로여 小人의 營私ᄒᆞᄂᆞᆫ 其一되니

엇지 愛惜지아니리오

恩을 施ᄒᆞ디 못당이 澹으로부터 漸漸濃히ᄒᆞᆯ지니

濃을 先ᄒᆞ고 澹을 後ᄒᆞ면 人이 그 惠를 忘ᄒᆞ거시오

威를 施ᄒᆞ디 못당이 嚴으로부터 次次寬히ᄒᆞᆯ지니

53

末이되ᄂᆞ니라

栗谷李先生이曰事ᄅᆞᆯ謝ᄒᆞ되盛滿ᄒᆞᆫ時에ᄒᆞ시

오身을居ᄒᆞ되獨後ᄒᆞᆯ地에ᄒᆞᆯ거시오德을謹ᄒᆞ되

至微ᄒᆞᆫ事에ᄒᆞᆯ거시오恩을施ᄒᆞ되不報ᄒᆞᆯ人의게

ᄒᆞ지니라

德이란者ᄂᆞᆫ事業의基地니基地가固치못ᄒᆞ고棟

宇가堅久ᄒᆞᆯ者ㅣ업스며心이란者ᄂᆞᆫ治平의根委

니根委가植지못ᄒᆞ고枝葉이茂ᄒᆞᆯ者업ᄂᆞ니라

道ᄅᆞᆯ學ᄒᆞᄂᆞᆫ人이비록心을有ᄒᆞ여도恒常定에有

ᄒᆞ야猿馬의未寧과同치말며心을無ᄒᆞ여도恒常

二十八 一

52

지못ᄒ거시라ᄒ니此ᄂ疎에傷ᄒ者ᄅ戒ᄒ이오

차라리人의欺ᄅ/ᄒ지언졍人의詐ᄅ逆치말나

ᄒ니此ᄂ察에傷ᄒ者ᄅ戒ᄒ이라二訓을並存ᄒ

여사精明ᄒ고ᄯᅩ渾厚ᄒ리라

擧疑ᄅ因ᄒ야獨見을廢치못ᄒ거시오己意ᄅ主

ᄒ야人言을阻치못ᄒ거시오小惠ᄅ私ᄒ야大體

ᄅᄒᆯ게못ᄒ거시오公論을藉ᄒ야私情을快게못

ᄒ지니라

節義가靑雲에過ᄒ며文章이白雪에高ᄒ여도德

性으로鎔鎔치못ᄒ면ᄆᆺᄎ니血氣의私와技能의

51

芝草가 種이업고 醴泉이 源이업스니 志士ᄂᆞᆫ 맛당

이 勇奮ᄒᆞ야 自期ᄅᆞᆯ 高히ᄒᆞᆯ거시오 彩雲은 散이易

ᄒᆞ고 琉璃ᄂᆞᆫ 脆가易ᄒᆞ니 達人은 맛당이 回頭ᄒᆞ야

韜晦ᄅᆞᆯ 早히ᄒᆞᆯ지니라

橫逆과 困窮이 비록 暫時에 苦緣이나 진실노 豪傑

을 鍛鍊ᄒᆞᄂᆞᆫ 一部 爐鎚ㅣ니 能히 그 鍛鍊을 受ᄒᆞᄂᆞᆫ

者ᄂᆞᆫ 身心이 化ᄒᆞ야 精金이 되고 受치못ᄒᆞᆯ者ᄂᆞᆫ 鈍

鐵이 變치못ᄒᆞ야 終來에 價ᄅᆞᆯ 售치못ᄒᆞᄂᆞ니라

芝峰李先生이 名晔 光 二訓으로世人을戒ᄒᆞ야曰害人

ᄒᆞᆯ心은 可히잇지못ᄒᆞᆯ거시오 防人ᄒᆞᆯ心은 可히업

融만 못ᄒᆞᄂᆞ라

호거시오 戶눈 朽ᄒᆞᄂᆞ 樞ᄂᆞᆫ 不蠹ᄒᆞᄂᆞ니 偏執이 圓

持身ᄒᆞ기를 泰山과 九鼎ᄀᆞ치 ᄒᆞᄋᆞ 凝然히 不動ᄒᆞ

면 慾尤가 自然이 少ᄒᆞ거시오 應事ᄒᆞ기를 流水에

落花ᄀᆞ치 悠然이 任去ᄒᆞ면 趣味가 自然이 多ᄒᆞᄂᆞ라

鄭文翼公이 名光 平生에 國事를 自任ᄒᆞᄋᆞ 造次도

妄率ᄒᆞ이업더니 當日事를 遇ᄒᆞ미 終始에 安靜從

容ᄒᆞ면 비록 紊ᄒᆞ이 亂絲와 如ᄒᆞᄋᆞ도 畢竟은 就緒

ᄒᆞᆯ거시오 人을 接ᄒᆞ미 終始에 忠信謹厚ᄒᆞ면 비록

狡ᄒᆞ이 山鬼와 如ᄒᆞᄋᆞ도 末梢ᄂᆞ 歸順ᄒᆞᄂᆞ니라

49

羣物을洞徹홈과 갓홀지니 못당이 一崖ᄯᆡᄒᆞᆯ氷

을作지못홀지니라

士君子ㅣ持心處世에 天下를 一室노視홀지니 君

王을事홈은 父兄갓치ᄒᆞ며 百姓을 使홈은 于弟갓

치ᄒᆞ며 政事를務홈은 治産갓치ᄒᆞ여야 天下의大

事業을期待ᄒᆞ리라

無事홀時라도 恒常有事홈갓치 隄防ᄒᆞ여서可히

意外에變을彌홀거시오 有事홀時라도 恒常無事

홈갓치 鎭定ᄒᆞ여서 可히局中에危를消홀지니라

齒는亡ᄒᆞ나舌은久存ᄒᆞᄂᆞ니 强剛이柔順홈만못

二十四

48

74

기難ㅎ니라

是故로泥에汚ㅎ고溷에沾ㅎ는病根이戀一

字에잇고方을隨ㅎ고圓을逐ㅎ는法은便宜가尉

一字에잇느니라

落落ㅎ者는合기가難ㅎ나 ㅆ호分키도難ㅎ고欣

欣ㅎ者는親키가易ㅎ나 ㅆ호疎키도易ㅎ니라

梧陰尹先生이名斗壽諡文靖이 曰丈夫의意氣가天下로더

부러相期ㅎ는거시春風이庶物을鼓暢ㅎ파갓흘

지니맛당이半點隔閡ㅎ形을存치못홀거시오丈

夫의肝膽이天下르더부러相照ㅎ는거시秋月이

47

기론차라리그始에難親홀거시오事物을當호야

御호는者ㅣ그後에巧持호기론차라리그前에拙

守홀지니라

是故로酷烈혼禍가만니玩弄호는人에起호고盛

滿혼切이常히細徵혼事에敗호느니라

是故로人人이다好타호여도一人의怨을慎防호

며事事이다切이잇서도一事의終을慎縫홀지니

라

讐怨의弩눈避호기易호나恩人의戈눈防호기難

호고苦時에坎은免호기易호나樂處의阱은脱호

호이 可히明이라謂홀거시오必勝이勇이아니라謂

能히勝홀거슬能히勝치아니홈이可히勇이라謂

호느니라

白沙李先生이 (謚文忠名恒鼇城府院君福每稱曰明甫卽漢陰字)

갓호者는可謂命世호器로다時를隨호느內에能

히時를救홈이和風이酷熱을消호덧호며俗에混

호느內에能히俗을脫홈이淡月이輕雲에映호덧

호도다

澹庵白先生이 (謚文簡名文甫) 處世호는道로그子弟를訓

호여曰朋友로더부리交호는者ㅣ그終에易疎호

45

ᄒᆞ여도 大敵을 對ᄒᆞ갓고 密室에 坐ᄒᆞ여도 通衢에

行ᄒᆞᆷ갓타니라

於于柳先生이 光海朝節 義名夢寅 曰 己의 情欲은 可히 縱치

못홀지라 맛당이 逆ᄒᆞᄂᆞᆫ 法으로뻐 制홀거시니 그

道가 一忍字애 잇고 人의 情欲은 可히 撓치 못홀지

라 맛당이 順ᄒᆞᄂᆞᆫ 法으로뻐 調할거시니 그 道가 一

恕字에 잇ᄂᆞ니라

今人은 다 恕로뻐 己를 適ᄒᆞ고 忍으로뻐 人을 制ᄒᆞ

ᄂᆞ도 ᄒᆞᆫ 不可ᄒᆞ이 업ᄂᆞᆫ냐

細察이 明이 아니라 能히 察홀거슬 能히 察치 아니

두지 못홀지니 言을둔則毁가來호노니라

是故로古昔에賢人과君子는立世호야處事홈이

名實이異치아니호고言行이違치아니호노니라

圃隱鄭先生이 (麗朝忠臣名夢周諡文忠) 曰平居홀띠에노欲

을息호고身을惜호다가도大節을臨호면可히性

命을委홀거시오治家홀띠에노入을量호야出을

호다가도大義롤當호면可히千金을棄홀지니라

是故로大事롤遇호야矜持호노者노小事에반다

시縱弛호고明庭에處호야撿飭호노者노暗室에

반다시放逸호노니故로君子의心行은小事롤臨

秋江南先生이 名_{譴文簡教溫} 曰蒼蠅이 驥에 附호면 捷호

則捷호딕處後호눈羞눈免키어렵고鳶蘿가松에

依호면高호則高호딕仰攀호눈恥눈辭치못홀지

니君子ㅣ차라리身에風霜을積홀지언정엇지남

의鷹犬이되리오호니大丈夫ㅣ處世로鄙陋이호

면엇지名節을成호리오

栗谷先生이曰士君子ㅣ人을濟호고物을利케홀

진딕맛당이그實에居홀거시오名에居치못홀

지니名에居홀則德이損호고鄕大夫ㅣ國을憂호

고民을爲홀진딕맛당이그心을둘거시오言을

시迷ᄒ지니 大凡自悟ᄒ야了ᄒ흠만갓지못ᄒ며
外境으로從ᄒ야意味를得ᄒ者는得흠이잇셔도
다시失ᄒ지니自得ᄒ야休休흠만갓지못ᄒ지니
라

應世第五

士君子ㅣ世를涉ᄒ되人의게喜怒를輕히ᄒ지못
ᄒ지니喜怒가輕ᄒ則心腹과肝膽이다人의窺ᄒ
눈비되거시오物의게愛憎을重히하지못ᄒ지니
愛憎이重ᄒ則意氣와精神이다物의制ᄒ눈비될
지니라

41

로부터 得來홈은 沙를 披호야 金을 獲홈갓치홈이

卽是一箇眞精神이니라

才智가 英敏호者는 못당이 學問으로써 그 躁홈을

攝호거시오 氣節이 激昂호者는 못당이 德性으로

써 그 偏을 融호지니라

人慾이 初起處를 從호야 剪除호면 문 듯 新芽를 遽

斬홈과 갓타니 그 工夫가 極히 쉽고 天理가 乍明時

로부터 保養호면 문 듯 塵鏡을 復磨홈과 갓호며 그

光彩가 다시 新호나니라

人言을 因호여 事理를 悟호者는 悟홈이 잇셔도다

40

貨財積흥心으로뻐學問을積흥며功名求흘念으
로뻐道德을求흥며妻子愛흥는心으로뻐父母를
愛흥며爵位保흥는策으로뻐國家를保흘지니此
에出흥야彼에入흠이다만毫末이差흥나凡에超
흥야聖에入흠人品이星淵에判흥,나人이엇지猛
然이轉念치아니흐리오

性情上偏私를融得흥이便是一大學問이오家庭
内嫌隙을消得흥이便是一大經綸이니라

工夫를難處로부터做去흥은風을迷흥야棹를鼓
흥갓치흥이便是一段眞消息이오學問을苦中으

古人閑適 호處에 今人은 문득 一生을 忙過 하고 古
人實受 호處에 今人은 문득 一世를 虛度 하니 病因
이 空을 耽 하고 妄을 逐하야 實眼을 開치 못 호 緣故
─니 種種人은 察 홀지어다

少壯 호者는 事事이 意를 着 홀지어 늘意가 도로 輕
하야 泛泛히 水中鳧를 作 하니 엇지써 雲霄의 翻을
振 하며 衰老 호者는 事事이 情을 忘 홀지어 늘情이
도로 重 하야 磈磈히 轅下駒를 做 하니 엇지써 韁鎖
호身을 脫 하리오

有益호리오

平民이라도 種德과 施惠를 肯호면 문듯 位 업는 卿

相이오 士大夫라도 貪權과 市寵이 甚호면 맛촘니

位 잇는 乞人이니라

一變라도 眼에 在호면 空花가 亂히 起호고 纖塵이

라도 體에 着호면 雜念이 紛히 飛호느니 翳물 기호

여人 花가 落호거시오 塵을 銷호여 人念이 絶호리

라

榮寵호 頭邊에 노辱이 等待호느니 반다시 揚揚치

말거시오 困窮호 背後에 노福이 跟隨호느니 소호

37

슬거시오暗中에欺隱치아니ᄒ면明中에受用ᄒ

이잇스리라

淸호ᄃᆡ能히容홈이잇고仁호ᄃᆡ能히斷을善ᄒ고

明호ᄃᆡ察에傷치아니ᄒ고直호ᄃᆡ矯에過치아니

홈이이론바蜜饒이甜치아니ᄒ고海錯이醎치아

니홈이니라

眞士ᄂᆞᆫ邀福ᄒ기에無心ᄒ여도天이곳其心上에

就ᄒ야其衷을開ᄒ고險人은避禍ᄒ기를着意ᄒ

여도天이곳其意中에就ᄒ야其魄을奪ᄒᄂᆞ니天

의機權이最神홈을可히볼지라人의智巧가무엇

小學讀上 十八一

36

頑으로뻐 頑을濟홈이니라

節을直히ᄒᆞ야人의忌롤밧을지언정意롤曲히ᄒᆞ

야人의喜롤밧지아니ᄒᆞᆯ거시오罪가업시人의毀

롤밧을지언정實이업시人의譽롤밧지아니ᄒᆞᆯ지

니라

小處에도滲漏치아니ᄒᆞ며暗室에도欺隱치아니

ᄒᆞ며末路에도怠荒치아니ᄒᆞ여스이론바眞正호

英雄이니라

閒中에放過치아니ᄒᆞ면忙中의受用홈이잇슬거

시오靜中에落空치아니ᄒᆞ면動中에受用홈이잇

35

公平호正論은可히犯手차못홀지니一番犯手호

則萬世에羞를貽홀거시오權門에私竇는可히着

脚지못홀지니一番着脚호則終身에玷汚가되느

니라

偏信호야奸의欺호는비되지말며自任호야氣의

使호는비되지말며己의拙로人의能을忌치말지니라

人의短處는隱호야彌縫호기를要홀지니萬一暴

揚호면是는短으로써短을攻홈이오人의頑行은

誘호야悔化호기를要홀지니萬一忿激호면是는

十七

니 酌酌ᄒ야 五分만ᄒ면 문득快이 無ᄒ거시오 心

에 快ᄒ 事가다 身을 敗ᄒ고 德을 散ᄒᄂ 惡媒니 酌

酌ᄒ야 五分만ᄒ면 문득悔ㅣ無ᄒ리라

私恩을 市ᄒ이 公議를 扶ᄒ만갓지 못ᄒ며 新知를

結ᄒ이 舊好를 敦ᄒ만갓지 못ᄒ며 榮名을 ㅛᄒ이

陰德을 種ᄒ만갓지 못ᄒᄆ 奇節을 尚ᄒ이 庸行을

謹ᄒ만갓지 못ᄒ니라

家人骨肉間에 有變ᄒ면 맛당이 從容히ᄒ지니 激

厲치 못ᄒ거시오 朋友交遊際에 有失ᄒ면 맛당이

剴切히 ᄒ지니 媚順치 못ᄒ지니라

33

我心을 常히 圓滿이 持ᄒᆞ면 天下에 반다시 缺陷ᄒᆞ

地方이업슬거시오 我心을 常히 寬平이 持ᄒᆞ면 天

下에 반다시 險側ᄒᆞᆫ 人情이업스리라

老年의 疾病이다 壯時에 招得ᄒᆞᆫ비오 晩境의 罪業

이다 盛年에 作孽ᄒᆞᆫ비라 故로 盈을 持ᄒᆞ고 滿을 履

ᄒᆞᄂᆞᆫ 君子ᄂᆞᆫ 合當이더욱 兢兢ᄒᆞ지니라

人의 小過를 責치말며 人의 陰私를 發치말며 人의

舊惡을 念치 말면 可히ᄡᅥ 德을 養ᄒᆞᆯ거시오ᄯᅩ 可

히 害를 遠히ᄒᆞ리라

口에 爽ᄒᆞ味가다 腸을 爛ᄒᆞ고 骨을 腐ᄒᆞᄂᆞᆫ 毒藥이

無에入호기에到得호여ㅅ진실노이學問의眞消

息이니라

惡은陰호을忌호고善은陽호을忌호ㄴ니故로惡

의顯호者는禍ㅣ淺호고隱호者는禍ㅣ深호며善

의顯호者는功이小호고善의隱호者ㄴ功이大호

니라

花潭徐先生이 諡文康 名敬德 日德은才의主ㅣ오才는德

의奴ㅣ라萬一有才호고無德호면無主空家에奴

輩가用事호갓호니엇지倫常과綱紀를正聲호리

오호니라

이오貴家의셔能히學道홈이바야흐로心地上에

工夫ㅣ니라

作人을다만一味로眞率호면踪迹이비록隱호나

도로顯홀거시오存心을만일半毫나未淨호면事

爲가비록公이나또호私ㅣ니라

無事홀時에믄듯閑雜호念想이有호가思호며有

事홀時에믄듯麤浮호意想이有호가思호며得意

호時에믄듯驕矜호辭色이有호가思호며失意호

時에믄듯怨尤호情懷가有호가思호야時時로撿

閱호야漸漸多로從호야少에入호며有로從호야

30

흠을 受홀지언 졍萬古에 寂寞홈은 受치 안느니라

是故로君子의 心事노天이 淸ㅎ고 日이 白홈갓치

ㅎ야人으로ㅎ여 금아니알지 못홀거시오 君子의

才華노玉을 韞ㅎ고 珠를 藏홈갓치 ㅎ야人으로ㅎ

여금수이 알지 못홀지니라

闘를解호미 威로뻐 助호則 怒호 氣가 自然이 平홀

거시오 貪을 懲호디 財로뻐 濟호則 利홀 心이 自然

이 澹ㅎ느니이론 바그 勢를 因ㅎ야 利케 導ㅎ느거

시오 쏘이 變을 應ㅎ느 權 宜니라

貧士로셔 肯히 濟人홈이바야흐로性天中이 惠澤

29

惡을 爲호딕 人이 知홀가畏호는者는 惡호中에오

히려 一條善路가 잇고 善을 爲호딕 人이 知홈을 希

호는者는 善호處에 一種惡根이 伏홈이니라

心地가 淸淨호後에야 可히 書를 讀호며 古를 學홀

지니 그럿치 못호고 一善을 行호야 私를 濟호며

一善을 言호야 短을 覆호라 호면 是는 寇兵을 藉

호며 盜糧을 齋홈이니라

道德을 苦守호는者는 一時에 寂寞호고 權勢를 依

阿호는者는 萬古에 凄凉호ᄂᆞ니 達人은 物外에 物

을 觀호며 身後에 身을 思호야 차라리 一時에 寂寞

28

되며潔을染호야汚가되야一生人品이壞了호느

니古人이云호디不貪二字로可히一世를度越호

다호니라

眞簡廉호者는廉호名이업느니名을立호느者는

正히이론바貪夫ー오게巧호者는巧호術이업

느니術을用호느者는正히이론바拙工이니라

栗谷先生이日學호느者ー다만競業호느心思가

잇스며蕭灑호趣味가업스면義호則美호나一樣

으로斂束호야淸高홈만求호면是는秋殺만잇고

春生이업스미니엇지理氣에合다호리오

27

十語에 九中홈이 반다시 奇라 稱홀거시아니라 一

語가 中치못호則 愆尤가 集호고 十謀에 九成홈이

반다시 功에 歸홀거시아니라 一謀가 成치못호면

誓議가 興호느니라

大凡天地도 氣候가 暖호則 物이 生호고 寒호則 物

이 殺호느니 그런故로 氣味가 淸冷호者는 受享호

눈비도 凉薄호고 氣가 和호며 心이 暖호者ㅣ야

오직 그 福이 厚호고 그 澤이 長호나라

人이 萬一 一念이 貪호고 私호면 운듯 剛을 銷호야

柔가되며 智를 塞호야 昏이되며 恩을 變호야 讐가

十三一

26

爲ᄒᆞ야 命을 立ᄒᆞ며 天地를 爲ᄒᆞ야 功을 立ᄒᆞᄂᆞ니

라

業을 成ᄒᆞ고 功을 建ᄒᆞᆯ진ᄃᆡ 事事ㅣ 實地를 從ᄒᆞ야

脚을 着ᄒᆞᆯ지니 萬一 半點이라도 名譽를 慕ᄒᆞ면 문

듯 僞科에 歸ᄒᆞ거시오 道를 講ᄒᆞ고 德을 修ᄒᆞᆯ진ᄃᆡ

念念이 虛處를 從ᄒᆞ야 心을 置ᄒᆞᆯ지니 萬一 一分이

라도 功效를 計ᄒᆞ면 문 듯 塵情에 落ᄒᆞ리라

象村申先生이 (謚文貞 名鈗) 曰人이 그 德을 厚히ᄒᆞᆯ진ᄃᆡ

차라리 黙ᄒᆞ지언졍 躁ᄒᆞ지 말며 차라리 拙할지언

졍 巧ᄒᆞ지 말ᄂᆞᄒᆞᄂᆞ니라

25

을 事ᄒᆞ며 下로 民을 治ᄒᆞᆷ의 自然이 敎化ㅣ成ᄒᆞᄂ

니라

萬一德을 修치 못ᄒᆞ고 巧僞로 事를 濟ᄒᆞ면 化치 못

ᄒᆞᆯ뿐아니라 獎가 百端으로 生ᄒᆞ야 반다시 顚覆에

至ᄒᆞᄂ니라

靜庵趙先生이 (名은光祖 諡ᄂ文正) 旦黙不忍ᄒᆞᆫ心端이 是一生

民生物ᄒᆞᄂ 根本이오 一種無落한氣象가 是一撐

天撐地ᄒᆞᄂ 柱石이라ᄒᆞ니 故로 君子ㅣ一蟲과一

蟻라도 忍ᄒᆞ야 傷殘치아니ᄒᆞ며 千金과萬財라도

吝ᄒᆞ야 愛惜지아니ᄒᆞᄂ니 然後에야 可히 民物을

25

흘지라다만 所望이 事物을 當ᄒᆞ거든 客氣를 除去
ᄒᆞ고 本心으로 商確ᄒᆞ야 吉凶과 利害를 擇ᄒᆞ야
吉을 取ᄒᆞ고 凶을 避ᄒᆞ며 利를 取ᄒᆞ고 害를 避ᄒᆞ면
父된 者ㅣᄯᅩ ᄒᆞ거의 寬心ᄒᆞ리라

世人이 뉘가 禍를 樂ᄒᆞ고 凶을 取ᄒᆞ리오마는 後生
이 愚蒙ᄒᆞ야 目下 慾心과 當頭 愛情으로 種種 凶禍
에 陷溺ᄒᆞ니 엇지 可惜지 아니ᄒᆞ랴

修德第四

道義로 性을 涵養ᄒᆞ야 仁愛가 心에 洽足ᄒᆞ면 德氣
가 自然이 現外ᄒᆞᄂᆞ니 德이 能히 現ᄒᆞ면 上으로 君

24

이라도늬가察ᄒᆞ야可用함과可殺함을본然後에

行ᄒᆞ라ᄒᆞ시니무릇自ᄒᆞᄒᆞ見得을貴히녀기시미

니라

梧里李先生이 (諡文忠 名元翼) 曰記聞ᄒᆞ學은事理가通曉

치못ᄒᆞᄂᆞ니今世에精明ᄒᆞ見得이趙穆川갓ᄒᆞ者

ㅣ드물다ᄒᆞ니大凡士의學은透理ᄒᆞ야自得홈이

貴ᄒᆞ니라

鶴峰金先生이 (名誠一 辰勳臣) 子를戒ᄒᆞ여曰남의父ㅣ

되여望子ᄒᆞᄂᆞᆫ情이엇지大치아니ᄒᆞ리오마ᄂᆞᆫ不

幸이汝輩의才稟이甲下ᄒᆞ야大事業은希望치못

에失ᄒᆞ고는곳그身에反求ᄒᆞ시니라

同春宋先生이(名浚吉諡文正)曰人休憂樂困ᄒᆞ라得失이

摠由吾ㅣ라ᄒᆞ니大抵得ᄒᆞᆷ도自取오失ᄒᆞᆷ도自取

니라

他國人은다自家의事務를自家의料量으로行ᄒᆞ

야成業이되거ᄂᆞᆯ我國人은主心이업서他國物色

을보던지他國言辭를드르면我心을自守치못ᄒᆞ

야後日料量은업시新聞新見만崇尚ᄒᆞ다가畢竟

은成就ᄒᆞ는者ㅣ드무니엇지憤恨치아니ᄒᆞ리오

是故로孟子ㅣ曰一家一國天下ㅣ皆曰可用可殺

치아니홀 사람이업슬거시니 自然이 天下事 爲가

擔着될거시오 自然이 天下人物이 均平ᄒ리라

牛溪成先生이 諡文簡 名渾 精義上에 用工을 깁히ᄒ사

平生에 責人이업더니 一日에 門生이 怨人ᄒᄂ者

ㅣ잇거ᄂᆯ 先生이 曰 我ㅣ果然 洪爐와 大冶가될

진디 엇지 頑金鈍鐵의 鋤鎔치아니홈을 患ᄒ며 我

ㅣ果然 巨海와 長江이될진디 엇지 細流汚瀆의 容

納지못홈을 患ᄒ리오 君子의道ᄂ다만 내몸의 反

求ᄒᄂ니라

是故로孔子ㅣ曰射ㅣ君子와似홈이잇쓰니正鵠

21

라도百姓으로ᄒᆞ여금각각그才를因ᄒᆞ여業을修

게ᄒᆞ면어느싸이扶仁洞이아니리오

是故로君子ㅣ心을君國에두눈者눈반다시實을

務行ᄒᆞ고虛僞를削去ᄒᆞᄂᆞ니라

孔子ㅣ曰精義가入神ᄒᆞ기눈致用으로以ᄒᆞ이라

ᄒᆞ시니大抵精義가極盡ᄒᆞ여ᄉ可히事를造ᄒᆞ야

世에用ᄒᆞ이잇스리라

精이란者눈自己上에잇눈거시오義란者눈事物

上에잇눈거시니自己의精을極盡이ᄒᆞ면行치못

ᄒᆞᆯ事爲가업슬써시오事物의義를正齊히ᄒᆞ면信

20

百不庵崔先生이 正宗朝 奉 名 不仕 大邱扶仁洞에室을
築하고弟子를모와學을講하며洞裏百姓을勸하
야각각業을修케하되士農工商에所長되로習하
야一民도遊食하는사람이업게하니居하지十餘
年에百姓이다化하야百里境內에道에拾遺치아
니하고山行野宿에盜賊을不識하눈지라自上
으로畵師를送하사扶仁洞을繪面에보시고벼슬
을除하신되時에公이年過七旬이라上疏辭遞하
니惜乎ㅣ라際遇가느즈미여

由是로觀하건되호갓一洞뿐은니라天下와國家

史記를 閱覽하야 古今에 治亂과 得失을 살피며 當

世에 經濟할 道理를 思諒하야 中宗靖社하신 後

에 匡濟한 事業이 多한지라 因하여 靖國功臣을 封

하고 官이 首相에 至하니라 七十後에 東城外에 別

業을 築하고 世事를 相關치 아니하나 君을 愛하고

國을 憂하는사이에 오히려 襄치 아니하니야 屢次疏

劃를 上하니라

是故로 孔子ㅣ日 大德한 者는 그 位를 必得하며 그

祿을 必得하며 그 名을 必得하며 그 壽를 必得한다

하시니라

18

로써器用을備ᄒ야年萬件事를爲가다쓰기를爲ᄒ

미니만일無故이優遊ᄒ야博奕을일사무며諧謔

을조히녀幼少時好光陰을하욤업시다보니면

爲先은편커니와末梢百事가不成後에父母兄弟

妻子들이飢寒中에困苦ᄒ면엇지後悔치아니ᄒ

라

宋蕭靖公이(中宗朝首相名軼)幼少로부터芬華를尚치아

니ᄒ고少時에擧業을務ᄒ다가一朝에翻然이棄

擲曰비록잘ᄒ여도國家에有助홈이업쓸工夫ㅣ

라엇지조흔光陰을虛地에送ᄒ리오ᄒ고綱目과

17

이른다ᄒᆞ니라

禽獸와蜫蟲도다實事로做ᄒᆞ야爲身謀生ᄒᆞᄂᆞ니

蜂이그房을護ᄒᆞ고蛾이그糟를轉ᄒᆞᆷ은다그自養

ᄒᆞᆷ을爲ᄒᆞ미오雞가그距로써鬪ᄒᆞ고鸞가그翮으

로써搏ᄒᆞᆷ은다그自防ᄒᆞᆷ을爲ᄒᆞ미라ᄒᆞ말며사람

으로物만갓지못ᄒᆞ라

是故로人의當務ㅣ다利用을爲ᄒᆞ미라書를務ᄒᆞ

기는徙迤알기를爲ᄒᆞ미오農을務ᄒᆞ기는飢餒免

키를爲ᄒᆞ미오織을務ᄒᆞ미衣裳을裁ᄒᆞ며匠을務

ᄒᆞᆷ이宮室을成ᄒᆞ며商으로써財貨를通ᄒᆞ며工으

16

實호것만務호미이론바務實이니라

是故로古昔聖賢의行홈은實치아니미업더니中

古에科擧法이行홈으로부터士習이漸漸乖亂호

야講嗚이浪籍호고斯時가盛行호눈지라後生少

年들이實地를務치아니호고或優遊로日을度호

고雜技로月을送호다가不幾에老且衰호면窮途

의悲歎호니또호可憐치아니호냐

寒暄堂金先生이 名謩宏 敬弘彌 幼時로부터戲言이업더

니일즉言牌를지여後人을戒호여日言이實호면

朋友ㅣ스스로이르고行이實호면福祿이스스로

15

是故로人이天下事롤做호믈씐딕반다시可用人을

지을씨니라

工夫做호눈時에誠을호지아니호면한갓工夫가

不成홀샏아니라自家人品이半塗의落下호느니

是故로君子눈誠을貴히녀기느니라

誠이란者눈事爲롤當혼後에用호눈바ー나그러나

本源인則工心에잇스니是故로君子눈그心을篤

實이호느니라

務實第三

天下에事와物이虛實이잇스니虛혼거合廢호고

14

遂菴權先生이[諡文純 名尙夏]曰世人의事를做ᄒᆞᄂᆞᆫ者ㅣ

多ᄒᆞ나一技라도能ᄒᆞᆫ者ᄂᆞᆫ少ᄒᆞ니그병이誠치못

ᄒᆞ中에出ᄒᆞ다ᄒᆞ니

하말ᄡᅵ今世에萬國이相交ᄒᆞ야男子의事業이百

倍나더ᄒᆞ니무릇天下와國家를爲ᄒᆞᄂᆞᆫ君子들은

맛당이萬分着念ᄒᆞᆯ지니라

孔子ㅣ曰文武의政이方策에布在ᄒᆞ니其人이存

ᄒᆞ면其政이擧ᄒᆞ고其人이已ᄒᆞ면其政이息이라

ᄒᆞ시니其人이란者ᄂᆞᆫ可用ᄒᆞᆯ人을이르미시니라

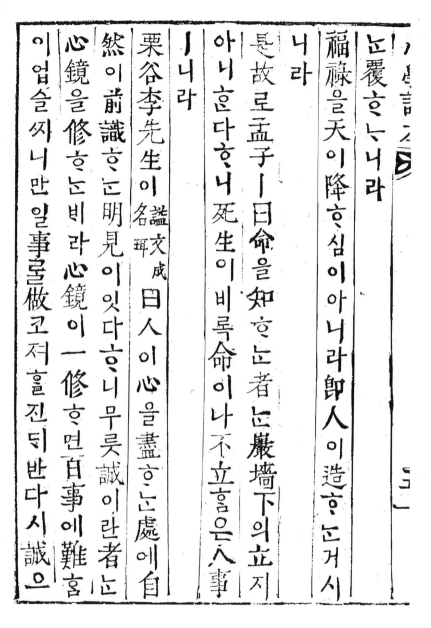

눈覆ᄒᆞᄂᆞ니라

福祿을天이降ᄒᆞ심이아니라卽人이造ᄒᆞᄂᆞ거시
니라

틋故로孟子ㅣ曰命을知ᄒᆞᄂᆞ者ᄂᆞ巖墻下의立지
아니ᄒᆞ다ᄒᆞ니死生이비록命이나不立ᄒᆞᆷ은人事
ㅣ니라

栗谷李先生이名[珥諡文成]曰人이心을盡ᄒᆞᄂᆞ處에自
然이前識ᄒᆞᄂᆞ明見이잇다ᄒᆞ니무릇誠이란者ᄂᆞ
心鏡을修ᄒᆞᄂᆞ비라心鏡이一修ᄒᆞ면百事에難ᄒᆞ
이업슬씨니만일事를做고져ᄒᆞᆯ진ᄃᆡ반다시誠으

에文章이成ᄒᆞ엿스니샤람이誠勤ᄒᆞ면天下에難

事ㅣ업ᄂᆞ니라

是故로子思子ㅣ曰人이ᄒᆞᆫ번에能ᄒᆞ거든我ᄂᆞᆫ百

番을ᄒᆞ고人이열번에能ᄒᆞ거든我ᄂᆞᆫ千番을ᄒᆞᆯᄊᆡ

니진실노能히이러ᄒᆞ면비록愚ᄒᆞ나반다시明ᄒᆞ

며비록柔ᄒᆞ나반다시剛ᄒᆞᄂᆞ니라

天命이別노잇스미아니라人의勤에잇스며運數

가別노잇스미아니라人의誠에잇ᄂᆞ니라

孔子ㅣ曰天이物을生ᄒᆞ미반다시그材를因ᄒᆞ야

篤ᄒᆞᄂᆞ지라是故로栽ᄒᆞᄂᆞ者ᄂᆞ培ᄒᆞ고傾ᄒᆞᄂᆞ者

大君主陛下계읍셔峻德을克明ᄒ샤詔勅이屢降ᄒ시니詩에이론바周雖舊邦이나其命維新ᄒ새라우리도 聖意를效慕ᄒ야學習을힘쓰며忠孝로일사마 國家와ᄒ가지萬歲太平ᄒ기拜祝ᄒ노라

勤誠第二

勤誠二字가쉽고도어려우니初學ᄒᄂ샤람들은勉之勉之홀지어다

寒岡鄭先生이 名은逑 諡文穆 七歲에入學ᄒ미山房에獨上ᄒ야四十日을不寢ᄒ고勤勤이求學ᄒ야一年

沙溪金先生이 諡文元 名長生 幼로부터 性行이 純篤ᄒᆞ야

華麗ᄒᆞᆷ을 思慕치아니ᄒᆞ고 實心으로 學을 求ᄒᆞ야

맛ᄎᆞᆷᄂᆡ 國內에 儒宗이 되나라 일즉 定山縣監이되

야쓸ᄯᆡ에 「倭人이 入寇ᄒᆞ거늘」先生이 百姓을 撫綏

ᄒᆞ야 各各 便宜ᄒᆞᆷ을 엇게ᄒᆞ며 近境 士大夫의 집이

마니 避亂ᄒᆞ야 오거늘 先生이 ᄯᅩ ᄒᆞᆫ 盖心周恤ᄒᆞ니

百姓이다 亂離의 苦를 忘ᄒᆞ고 從歸ᄒᆞᄂᆞᆫ 者ㅣ 市人

갓ᄐᆞ스니 幼學時에 立志가 篤實치 못ᄒᆞ여 쓰면 切

效가 엇지 이러ᄒᆞ리오

後進 幼學들아 우리

9

갓치ᄒᆞ여日人의學ᄒᆞᆷ이本是爲國濟衆ᄒᆞᆷ이라

닉將ᄎᆞᆺ學을向ᄒᆞ니엇지同類의飢寒을救濟치아

니리요ᄒᆞ니幼孩時라도處事와心德이老成의畏

ᄒᆞᆯ비로나

比컨틴材木이幼時에곳게길너야大ᄒᆞᆫ後棟樑이

될새시오水泉이根源을말게뚤어야達ᄒᆞᆫ後江漢

이되나니샤람도蒙養이正ᄒᆞ야야長ᄒᆞᆫ後大人이

되ᄂᆞ니라

是以로孔子ㅣ日蒙이正으로ᄢᅥ養ᄒᆞᆷ이聖功이라

ᄒᆞ시니라

8

德이란者는盛福ᄒᆞᄂᆞ器具ㅣ오聚民ᄒᆞᄂᆞ基地니

可히培養치아니ᄒᆞ랴

愼獨齋金先生이 名諡敬集款敬 幼時에殺生ᄒᆞᆷ을보지못

ᄒᆞ야衣服에蟣蝨을잡아도外地에버리고주기지

아니ᄒᆞ니라

人의心志가이러ᄒᆞ여사可히君上을佐ᄒᆞ며百姓

을濟ᄒᆞ지니라

新堂鄭先生이 名鵬源寒 十歲前에群兒와同學ᄒᆞᆯ세

村內書童들이다貧寒ᄒᆞ야齋糧을못ᄒᆞ거놀先生

이父母ᄭᅴ固請ᄒᆞ야數十童을다饋餉ᄒᆞ야飢飽를

7

言인줄此에可히볼씨로다

月川趙先生이 名穆 退溪李先生끠 諡文純 名滉 後學教호

눈法을問호디退溪答曰그德을先養호느니라月

川이曰何謂也오退溪曰不養德이면立地不厚호

고立地不厚호면萬物을不可成이라호며大抵蒙

學로부터德義를養호야爲民成物호는根基

가되느니라

是故로方長호는木을折치아니호며啓蟄호는蟲

을殺치아니호느거시다幼孩時에仁德을養홈이

니라

聖君갓ᄒ시면天下事ㅣ卽몸의일이어를구不子

三字에德色이有ᄒ것갓ᄒ니禹를爲ᄒ야取치안

니ᄒ노라ᄒ여쓰니公이비록禹의本意와書經大

義를詳解치못ᄒ여쓰나八歲兒의志趣가쏘ᄒ奇

偉치안니ᄒ냐

男子ㅣ天下에生ᄒ야天下로써自任치못ᄒ면엇

지男子라稱ᄒ리오

九菴朱先生이 時烈 孝宗朝左相 諡文正 名門人을戒ᄒ여曰丈

夫ㅣ能히當世로뻐雷念치못ᄒ면엇지足히더부

러學을議ᄒ리오ᄒ니大凡人의學홈이君國을爲

是故로古聖이日孝란者는 親을 事ᄒᆞ는비오悌

란者는뻐長을 事ᄒᆞ는비오慈란者는뻐衆을 使ᄒ

눈비라ᄒᆞ시니라

月이流ᄒᆞ듯ᄒᆞ야長ᄒᆞ고老ᄒᆞᆯ日이遠치안니ᄒᆞ니

大凡幼時에學홈은長後에行ᄒᆞ기를爲홈이라歲

一生이幼ᄒᆞᆯ줄알지말고勉強ᄒᆞ야學을勤히ᄒᆞᆯ찌

어다

孟文貞公相세宗朝左명思誠이十六歲에入學ᄒᆞ야禹貢을學

ᄒᆞ다가啓呱呱而泣予不子句에至ᄒᆞ야問日禹는

何如ᄒᆞ人也잇고答日古에聖君이시니라公이日

4

立志第一

古者에 男子ㅣ生에 桑弧와 蓬矢로 天地와 四方을

射홈은 男子의 立志가 上下와 四方의 有홈으로뻐

홈이니라

是故로 幼時에 學習은 愛親과 敬兄에 지남이업고

長後에 事業은 愛君과 爲國에더 홈이업느니라

幼時에 孝心이 極호면 長後에 忠君치아니리업쓰

며 在家에 慈愛이 厚호면 立世에 愛民치아니리업

느니라

學部編輯局新刊

小學讀本

大朝鮮開國五百四年仲冬

유몽휘편

학부 편집국 편찬

(상)

『유몽휘편』과 문자 문화의 우주관
소중화주의와 아동교육 입문

유임하

1.

『유몽휘편(牖蒙彙編)』은 대한제국 학부 편집국에서 1895년에 간행한 초등용 독본류 교과서이다. 광무 10년(1906) 경상북도 달성에 소재한 광문사 판본도 있다는 점에서 이후에도 독본류 교과서로 활용되었음을 알게 해 준다. 『유몽휘편』의 소재는 『신정심상소학』 뒤에 게재된 '학부 편집국 개간서적 정가표'에 처음 등장한다.1) 이를 참조하면, 1895년 8월에 간행된 『국민소학독본』과 11월에 간행된 『소학독본』 이후, 『숙혜기략』과 함께 간행되었음을 추정해 볼 수 있는데, 이듬해인 1896년 2월 『신정심상소학』이 간행된 전후의 시기라는 점이다.

---

1) 『신정심상소학』에는 학부 편집국 개간(開刊) 서적은 정가표와 함께 게시되어 있는데, 순서대로 밝히면 다음과 같다. 『만국지지』(세계지리), 『만국사략』 상·하(세계사), 『조선역대사략』(한문 3책)(조선사), 『조선역사』 3책(조선사), 『국민소학독본』(국어독본), 『조선사략』(조선사), 『조선지지』(조선지리), 『소학독본』(수양 중심 독본), 『유몽휘편』(어휘 중심 독본), 『숙혜기략』(인물 중심 독본), 『여재촬요』(지리), 『지요약론(地珠略論)』(지질학), 『동여지도(東輿地圖)』(지도책), 『근역산술』 상·하(산술), 『간이사칙산술』(산술), 『사민필지』(한문)(헐버트가 쓴 인문지리서), 『서례수지(西禮須知)』(예절 교육서) 등이다.

『유몽휘편』의 체재는 2권 1책으로 되어 있다. 이 교과서는『국민소학독본』과『소학독본』,『숙혜기략』과 함께 사용된 것과 같은 목활자한장본으로 되어 있다. 이들 교과서는 모두 국한문혼용체의 전형적인 만연체 문장으로 기술되어 있어서 동일한 편찬자에 동일한 교육이념을 바탕으로 한 내적 연관을 짐작하게 해 준다.

『유몽휘편』은『국민소학독본』에 담긴 근대 지(知)를 소개하는 서술 방식과는 크게 구별된다. 우선 이 교과서는 교육을 처음 시작하는 아동을 대상으로 삼고 있다는 점이 특기할 만하다. 이는 달리 말해,『소학독본』이 취하고 있는 전통 소학의 체제에 그 맥락이 닿아 있다고 할 수 있다. 중국의 신화시대로 소급되는 연령대별 아동과 청년들의 천재(天才)를 일화로 배열한『숙혜기략』에 앞서, 소학교의 초등교육서로서 '어휘 중심의 유년 교육서'라는 편제를 취한 것이『유몽휘편』이다.『신정심상소학』처럼 근대적인 교육 이념에 바탕을 두고 평이한 서술 방식을 취한 감안한 교과서가 아니라 '아동을 환히 깨우치는 주요 어휘집'이라는 뜻을 가진, 유교의 문화적 전통에 근거한 초등용 교육서라는 점이 이채롭다.

'유몽(牖蒙)'은 '들창'을 열어젖히듯 환하게 사리를 깨우친다[蒙]라는 뜻이다. 이는 어휘 중심의 아동용 교과서로서, 유교문화의 전통을 감안한 인물 중심 아동용 교과서인『숙혜기략(夙慧記略)』[2]이나『소학독본』과는 같은 전통 교육의 자장 안에서 고려된 교과서임을 말해 준다. 이들 학부 발간의 초기 교과서는 전통에서 출발하여 근대교육의 균형을 이루도록 배치하는 교육개혁을 구현하고자 한 증좌인 셈이다.

---

2) '숙혜(夙慧)'는 유의경의『세설신어』의 편목 중 하나로 '어려서부터 영리한 천재 이야기'라는 뜻을 가지고 있다. 김민재,「근대 학부 편찬 수신서 해제」, 박병기·김민재 역,『근대학부 편찬 수신서』, 소명출판, 2012.

2.

『유몽휘편』 상권은 모두 19쪽으로, 총론을 포함하여 모두 12장으로 구성되어 있다. 이들 장은 '천지인'(총론), '천도(天道, 천지 자연의 이치)'(1장), '지도(地道, 땅의 이치)'(2장), 사람의 도리인 '부자유친(父子有親)'(3장), '군신지의(君臣之義)'(4장), '부부지별(夫婦之別)'(5장), '장유지서(長幼之序)'(6장), '붕우지신(朋友之信)'(7장), '음식 예절'(8장), '화초수목과 금수와 같은 만물'(9장), '유학'(10장), '그릇과 궁궐'(11장) 등이 바로 그것이다.

이들 장에서 총론은, 우주론에서 시작하여 천지인을 시발점으로 삼고 있다.

대개 태극이 조판(肇判)한 후로 위는 하늘이 되고 아래는 땅이 되어 사람과 사물이 그 가운데 있으니, 해와 달이 왕래(往來)하여 세공(歲功)이 이루어진다. 위에 있는 것은 해와 달과 성진(星辰)이라 하니 (이것이) 하늘의 모양[千象]이오, 아래에 있는 것은 초목과 산천이라 하니 (이것이) 땅의 이치[地理]이니 천지 사이에 만물 가운데 가장 귀한 것이 사람이라.

— 총론

"천지만물 중에 가장 귀한 것이 사람"이라는 명제는 서구의 천부인권론의 맥락보다 근대 이행기에 형성된 주체 개념으로서의 면모가 강하다. 서세동점(西勢東漸)의 현실에서 태동한 이 인간관은 양명학이나 동학사상의 핵심인 '인내천(人乃天)' 사상과 무관하지 않다고 해도 그리 틀리지 않는다. 뿐만 아니라 이 사상의 변주야말로 중체서용(中體西用)이라는 명제를 가능하게 했다, 이는 몸체와 도구[體用]로 이분화시켜 상정한 근대 교육의 프로젝트이었음을 말해 준다.

『유몽휘편』은 총론에서 보듯, 하늘의 도리와 땅의 도리, 인간의 도리를 교육받고, 이를 바탕으로 군왕과 신하, 부자, 부부, 친교에 이르는 사회적 인간관계를 구성하는 방식을 취하고 있다. 이 흐름은 피교육의 주체로 한 개인을 주조해 나가는 틀을 이룬다.

어휘들의 분포 지도는, 일상을 이루는 어휘들은 개념과 일상의 세계에 진입하는 관문, 그릇 역할을 한다는 점에서 유의해 볼 대목이다. 피교육의 주체인 아동에게 어떤 어휘부터 가르칠 것인가의 문제는, 개념을 담은 일상어와 추상어를 이루는 어휘들의 문제로 끝나는 게 아니라 어휘를 통해 세계와 의식을 구성하는 문제와 긴밀하게 연관되어 있다. 어휘란 그 저변에 놓인 세계들을 지칭하는 것을 넘어 사유의 체계를 담지하는 바탕을 이루기 때문이다. 어휘 중심의 지도는 결국 중체서용의 근간을 수립하고 주체적인 문물 수용을 위한 예비적 단계로 중시되고 있는 셈이다.

어휘들의 분포를 좀 더 세밀하게 살펴보면, 아버지와 자식, 임금과 신하, 지아비와 지어미, 형과 아우, 친구에 이르는 인간의 서열과 관계망이며, 음식과 자연 만물에 대한 이치로 이행한 뒤 유학의 대강을 거론하는 방식을 거쳐, 제기 용품과 궁궐에 대한 명칭을 세밀하게 언급하는 수순을 밟고 있다. 이 순서에 담긴 위계는 유교의 우주론에서 출발하여 자연 및 인간관, 부자, 군신, 부부와 형제, 교우와 같은 삼강오륜의 핵심을 거쳐 만물로 확장시킨 다음, 유학에 관해 언급한 뒤 제기 용품과 궁궐에 대한 언급으로 이어지고 있다. 이는 곧 유학적 우주론에 입각한 삼강오륜이 군주제 국가의 틀과 밀접하게 연계된 것임을 뜻한다.

한편, 하권의 특징은 무엇보다도 중국 역사 문화의 개괄에 있다. 12장으로 구성된 상권과는 달리, 하권은 장절 구분이 없는 만연체 문장으로, 우주 창세로부터 명나라에 이르는 중국의 신화와 역사를 비교적 간략하게 기술하고 있다. 하권의 분량은 모두 13쪽으로, 상권과 비교해 보면 분량과 내용상 어느 정도 균형을 이루고 있다. 주된 내용은 중국의 고대 신화시대의 인물로부터 하·은·주, 당·송·위·진·수·명·청에 이르는 창세와 건국과 흥망성쇠의 역사이다.

하지만 중국 역사에 대한 개괄이 맹목적인 중화주의의 소산으로만 보는 것은 온당한 태도가 아니다.

사람이 인방(寅方)에서 태어나 임금[君長]이 처음 생기니 가로되 반고씨(盤古氏)라. 천지의 도에 밝고 음양의 이치에 통달하니 만물의 조상이요 조화의 주인이라./ 그 후에 천황씨(天皇氏)가 간지(干支)를 처음 세웠나니 간(干)은 곧 갑(甲)과 을(乙)과 병(丙)과 정(丁)과 무(戊)와 기(己)와 경(庚)과 신(辛)과 임(壬)과 계(癸)이고, 지(支)는 곧 자(子)와 축(丑)과 인(寅)과 묘(卯)와 진(辰)과 사(巳)와 오(午)와 미(未)와 신(申)과 유(酉)와 술(戌)과 해(亥)라./ 지황씨(地皇氏)가 이에 삼진(三辰)을 정하니 곧, 해와 달과 별이라. 낮과 밤을 근원으로 나누어 날을 쌓아 달이 되고 달을 쌓아 한해를 이루니라./ 인황씨(人皇氏)가 구름수레를 타며 여섯 마리 새[육우(六羽)]가 끄는 멍에를 잡고 그 산천을 다스려 구주(九州)를 나누니, 나라를 다스리고 가르쳐 임금과 신하가 절로 생겨나고, 음식과 남녀가 절로 시초를 이루게 된 것이라. 이때에 구황(九皇)과 오룡(五龍)과 섭제(攝提)와 합락(合雒)과 연통(連通)과 서명(敍命)은 육기(六紀)를 다스린 여든여섯 명의 임금[중 뛰어난 이들]이오, 순비(循蜚)로부터 그 후로 인제(因提)와 선통(禪通)이 다 세차(歲次)가 있되 연대와 나라의 수도는 가히 살피지는 못하는지라./ (…중략…) 제곡씨(帝嚳氏)가 계종(鼓界 鍾)을 만들며 대나무피리[管]와 긴 대 피리[箎]를 불었고 제요씨(帝堯氏)에 이르러 지극히 뛰어난 덕을 밝혀 빛이 온세상[사표(四表)]을 비추어 만방이 협화

(協和)하고 제순(帝舜)에게 임금 자리를 물려주니[선위(禪位), 순임금이 준철(濬哲)하며 글로 명성을 떨치며 온화하고 공손하며 진실하기가 요새와 같아[윤색(允塞)] 요임금의 아름다운 빛[光華]에 협력한지라./ 이 시기를 맞아 고(皐)와 기(夔)와 직(稷)과 계(契)와 같은 어진 신하[賢臣]들이 좌우에서 보필하야 문명의 다스림이 지극하며 모두 이루어지니, 요순(堯舜)가 전수할 때에 진실로 마음을 잡음으로써 경계하게 되고 순임금이 우(禹)임금에게 왕위를 물려줄 때도 세 마디 말로써 넉넉하니 심법(心法)을 서로 전하는 것이 저렇게 그토록 간곡하니라.

반고로부터 시작되는 중국의 창조설화에 기댄 것은 중화사상의 전유, 곧 소중화주의에 입각해서 이 교과서가 기술되고 있음을 말해 준다. 인간의 탄생에서 으뜸 되는 군장인 '만물의 조상'과 '조화의 주인'의 명명이 후편 맨 앞에 전제되는 것은 제반 진술의 전제가 근왕사상에 기초한 것임을 말해 준다.

천황씨의 간지(干支) 창안, 지황씨의 우주의 운행 제정을 거쳐 인황씨에 이르러 구주가 나누어지고 나라와 임금과 신하가 탄생하는 신화의 시대를 설명하면서도 국가와 군왕, 신하는 그 오랜 천지창조에 비견되는 제도로 설정되어 있다. 국가와 군왕과 신하의 근원을 소급시키는 이 같은 서술은 국가와 군왕과 신하의 유래를 아득히 멀리 설정함으로써 신성을 획득하려는 전형적인 신화론적 태도를 보여 주고 있다. 그런 다음 내용은, 풍속과 제례에 이르는 온갖 문화의 축적 속에서 팔괘를 그린 복희씨, 쟁기와 보습을 만들과 의약을 다스린 신농씨, 법령과 셈법을 만들과 궁궐을 짓고 벼슬과 의상을 만든 헌원씨, 경쇠를 지은 소호씨, 달력을 만든 전패씨, 종과 피리를 만든 제곡씨를 거쳐 요순의 시대를 이상화하고 있다. 요컨대, 하권에 드러나는 중국 역사의 개관은 중국 문명으로서가 아니라 개화기

를 지배하는 우주론적 사고의 한 축이 중국 문명에 기초해 있음을
여실히 보여 준다. 이는 '소중화의식'이라 해도 그리 틀리지 않는다.

소중화의식에 근거한 우주관은 전근대의 계급사회적 인식에 토대
를 두고 있으나 근대 세계를 지향하는 새로운 우주론적 인간관의 지
향도 포함하고 있다는 점에서 세밀한 독법과 이해가 필요하다.

그후 이백여 년이 흘러 신종 만력의 시대에 이르러 나라 안으로는 동
림당론(東林黨論)의 화(禍)와 나라 바깥으로 서주침요(西洲侵擾)의 역
(役)이 있어서 나라가 피폐해지고 백성이 소요하여 나라가 분열하니라.
또한 그후 의종 숭정연대에 이르러 떠돌이도적 이자성(李自成)이 무리를
품어 성을 점거하여 강남을 빼앗으니 왕실이 방탕하여 패배한지라. 무신
(武臣) 오삼계(吳三桂)가 강개(慷慨)히 부흥의 뜻이 있어서 북쪽 변방에
서 의병을 일으켰으나 능히 다스릴 계책이 없는지라. 이에 청인들에게
도움을 청해 한데 힘을 모아 적을 토벌하기를 도모하다가 마침내 중국
한 지역을 청에 빼앗겨 넘겨주게 된 바 되니라.

인용된 대목은 하권 끝부분으로, 중국 역사에 대한 간략하지만 상
세한 조망은 천지창조로부터 신화 전설 속 삼황오제를 거쳐 고대국
가 형성에서 청나라 이전까지 이어지지만, 이에 그치지 않고 명나라
역사에서 망국의 폐단으로 내부와 외부에 걸친 당리당략, 왜구에 의
한 침탈과 사회혼란, 거듭된 반란과 반란세력들의 발호, 왕실의 방
탕 등을 거명하고 있다. 특히 인용된 교과서 말미 부분은 청인들에
게 도움을 청해 적을 토벌하려다가 국권을 빼앗긴 경과를 적시하고
있다. 이는 개화 초기의 정세와 결코 무관해 보이지 않는다.

풍전등화의 국운을 감안할 때 그 어느 때보다 사회개혁의 요구가
드높았던 개화 초기의 현실은 이웃 국가의 흥망성쇠를 앞에 놓고 자

기 국가의 성원들을 어떻게 교육시킬 것인가에 대한 문제를 심각하게 인식했을 터이다. 근대화의 시대적 명제 앞에 사회개혁의 필요성과 요구가 부패한 왕실과 당리당략에 골몰하는 당파정치, 동학농민혁명으로 폭발한 민심의 소요, 이를 진압하기 위해 외국 군대를 불러들임으로써 장차 청에게 나라를 잃는 명의 현실을 기술한 대목은, 피교육 주체가 근대적 개인으로 호명되기 전의 상태, 위난에 처한 국가를 구원하는 신민으로서 역할을 열망했던 당대 교육자의 절박한 이면을 엿볼 수 있게 해 준다.[3]

3.
『유몽휘편』은 『국민소학독본』과 『소학독본』, 『숙혜기략』과 함께 개화기 초등교육의 근간이 되는 국어, 수신, 작문 교과의 교과서로 제작되었다.

상권에서는 유교 전통의 우주 자연관으로부터 시작하여 삼강오륜을 거쳐 일상의 편목에 이르는 도덕적 기율이 하나의 맥락을 이룬다면, 하권에서는 중국 역사의 흥망성쇠에 대한 간략한 기술을 통해 유가적 전통과 문화적 유대감의 보존을 지향했다고 말할 수 있다. 이는 삼강오륜에 바탕을 둔 『소학독본』이나 『숙혜기략』이 지향하는 교육 이념이자 가치의 토대가 중화중심주의와 근대 지식의 결합인 중체서용(中體西用)의 원리에 근거해 있음을 시사한다.

그러나 소중화의 세계 인식은 근대 지식과 결합하는 과정에서 가장 요약적인 지식으로 공통 감각을 구축하는 과정으로 나타났다고 할 만하다. 즉, 유가적 전통이 근대 교육 이념과 이상적인 방식으로 결합, 구현하는 것만이 아니라 유교적 우주론의 호명과 서양 문명의

---

3) 이승원의 표현을 빌려 말하면 '전사로서의 피교육주체'의 단면을 보여 준다. 이승원, 『학교의 탄생』, 휴머니스트, 2005, 25쪽.

기술적 결합을 기획하고 있었던 것이다. 소학교 입문서로서 어휘 중심의 독본류 교과서인 『유몽휘편』은 『국민소학독본』(1895)이나 『신정심상소학』(1896)의 경우처럼 교육자를 배려한 근대 지식 수용 방식과는 달리, 아동이라는 피교육 주체들에게 유가적 전통에 근거한 토대를 마련한 뒤 근대 교육을 실행하는 첫 행보를 실현시키려는 지점으로 삼았던 셈이다.

총론 천지인(天地人)이라[1]

대저 태극이 조판(肇判)한[2] 후로 위는 하늘이 되고 아래는 땅이 되어 사람과 사물이 그 가운데 있으니, 해와 달이 왕래(往來)하여 세공(歲功, 해마다 철따라 해야 할 일)이 이루어진다. 위에 있는 것을 일월(日月, 해와 달)과 성진(星辰)[3]이라 하니 (이것이) 하늘의 모양[千象]이요, 아래에 있는 것을 초목과 산천이라 하니 (이것이) 땅의 이치[地理]이고 천지 사이에 만물 가운데 가장 귀한 것이 사람이라.

---

1) 본문의 체제가 오른쪽 내용의 머리말이 내용 다음에 기술되는 형식으로 되어 있어서 우수장(右首章)이라는 명칭이 붙어 있다.
2) 처음 나누어지다.
3) 별과 별무리.

1장 천도를 말한다[언천도(言天道)]

　하나의 커다란 것을 가리켜 하늘이라 하니, 높고 높으며[高高] 푸르고 푸르러서[蒼蒼] 사해[四海]를 밟고[履] 만물을 기르는 까닭에 사계절[四季]를 운행하니 봄과 여름과 가을과 겨울이 이것이다. 정월과 2월과 3월은 삼춘(三春)이요, 4월과 5월과 6월은 삼하(三夏)요, 7월과 8월과 9월은 삼추(三秋)요, 10월과 11월과 12월은 삼동(三冬)이다. 12시가 합하여 일주야가 되고, 30일이 합하여 한 달이 되니, 달이 작으면 29일이 한 달이 되고, 3년에 1윤(閏)[4]하며 오년에 재윤(再閏)하니,[5] 윤이라는 것은 날짜의 여분이다.

　하늘[乾文]에는 오성(五星)이 있으니 금성과 목성과 수성과 화성과 토성이요, 천체의 이치[天道]가 변화함은 바람과 우레[風雷]와 비와 이슬[雨露]와 서리와 눈[霜雪]이라.

　봄과 여름에는 비와 우레로써 (땅을) 윤택하게 하고, 가을과 겨울에는 서리와 눈으로써 엄숙하게 하며, 바람으로 겨울을 부르고 우레로써 여름을 부른다.

---

4) 윤달.
5) 두 번 윤달이 찾아옴.

천체의 이치는 말하지 않아도 형체를 갖춘 온갖 물건[品物]이 이루어지고, 세공(歲功, 해마다 철마다 해야 할 일)이 이루어지는 것은 사시(四時)의 다스림[吏]과 오행의 도움[佐]이 그 기운을 베푸는 것이라[宣].

2장 땅의 이치를 말한다

평평하고 두터움[博厚]이 아래에 있어 하늘의 이치를 위로 반응한 [上應] 것이 땅이니, 만물을 실어야 언덕을 이루며 대륙을 포괄한다. 오악(五嶽, 중국의 이름난 명산)은 동쪽의 태산(泰山)과, 서쪽의 화산(華山)과, 가운데의 숭산(嵩山)과, 남쪽의 형산(衡山)과, 북쪽의 항산(恒山)이다.

사해는 동해와 남해와 서해와 북해이다.

봄에 푸르고 가을에 누런 것은 풀이고, 꽃피고 잎사귀가 떨어져 열매를 맺은 것이 과일이니, 오직 소나무와 잣나무는 사 계절을 이어서 그 푸르름을 바꾸지 않는다.

오행(五行)은 물[水]과 불[火]과 나무[木]와 쇠[金]와 흙[土]이니, 보통 사람이 그날그날 사용하는 사물이다. (오행에는) 상생함과 상극함이 있다. 상생은 물이 나무를 자라게 하고, 불이 흙을 자라게 하며 나무가 불을 생겨나게 하며 쇠가 물을 생겨나게 하며 흙이 쇠를 생기도록 서로 돕는 것이다. 상극은 물이 불을 이기고[克], 불이 쇠를 이기며 나무가 흙을 이기며 쇠가 나무를 이기며 흙이 물을 이기는 것이다.

흙의 공로는 곡식 농사[가색(稼穡)]를 크게 만드는 까닭에 흙을 마땅히 자세히 살펴야 (한다.) 온갖 곡물 씨앗을 뿌려 성장하는 것은 비와 이슬 덕택이고, 그 경작과 수확한 공은 사람에게 있다.

쇠와 나무로 온갖 그릇[器皿]을 만들고, 궁궐과 집을 짓고, 물과 불로 음식을 만들어 먹으니, 오행이 서로 바탕이 되어[相資] 공로를 이루는 이치는 모두 사람이 있기 때문이다.

동과 서와 남과 북과 중앙이 오방(五方)이 된다. 오방은 각각 오행과 서로 짝을 이루는데, 동은 나무, 서는 쇠, 남은 불, 북은 물, 중앙은 흙이다.

다섯 가지의 맛[오미(五味)]은 매운맛[辛]과 신맛[酸]과 짠맛[鹹]과 쓴맛[苦]과 단맛[甘]이니 오행의 맛이다. 쇠는 매운맛이 나고 나무는 신맛이 나고 물은 짠맛이 나며 불은 쓴맛이고 흙은 단맛이 난다.

오색(五色)은 청색과 적색과 백색과 흑색과 황색이니, 오행의 색이기도 하다. 나무는 푸르고[靑] 불은 붉고[紅] 쇠는 희고[白] 물은 검고[黑] 흙은 누렇다[黃].

오음(五音)은 궁(宮)과 상(商)과 각(角)과 치(徵)와 우(羽)인데, 궁은 흙의 소리이고, 상은 쇳소리이며, 각은 나무 소리이고, 치는 불의 소리이고, 우는 물의 소리이다.

1과 2와 3과 4와 5와 6과 7과 8과 9와 10과 백과 천과 만과 억과 조가 오행의 숫자이니, 16은 물[水]이요 27은 불[火]이요 38은 나무[木]요 49는 쇠[金]요 50은 흙[土]이라.

3장 사람의 도리를 말하니 부자유친(父子有親)이라

　오행의 기운을 꽃피우는 것은 사람이다. 사람에게 오륜(五倫)과 오덕(五德)이 있음은 하늘에 오성이 있고 땅에 오행이 있는 것과 같다. 다섯 가지 인륜이란 아버지와 아들[父子], 임금과 신하[君臣], 부부(夫婦), 나이의 많고 적음[장유(長幼)], 친구[붕우(朋友)] 사이에 지켜야 할 질서이고, 다섯 가지의 덕이란 것은 어짐[仁]과 의로움[義]과 예의[禮]와 지혜[智]와 신뢰[信]이다.

　사람에게 오륜이 있는 것은 아버지와 자식의 사랑하는 것에 앞서는 것이 없으니, 사람은 아버지가 아니면 태어남을 얻지 못하기 때문이다. 그러므로 효로 섬기니 효란 것은 모든 행실[百行]의 근원이다. 반드시 기르는 뜻을 기둥으로 삼아 아비의 명을 받들고 좇으며[承順], 감히 범하지 아니하고, 잘 살피고[定省] 따뜻하고 서늘한[溫淸] 예와 음식과 차고 따스한 절도를 반드시 몸소 단속하여[躬檢]하여, 문왕의 일삼조(日三朝)6)와 무왕의 역일반(亦一飯)7)같이 하니 이것이 천자[임금]의 효이다.

　자로(子路)8)는 백리에 쌀을 이고, 증자(曾子)는 반드시 주어진 바를

---

6) 하루 세 번 알현함.
7) 또한 하루 한 번 식사를 함께 함.

부탁하니, 모두 자식의 직분을 다하고 부모의 뜻을 받들었다. 사람이 진실로 그 부모에 효를 다한 즉, 형제와 처자가 자연히 보고 감응하여 그 정성을 다하고 아름답게 된다. 그러므로 사람이 그 부모와 형과 아우의 말 사이에 두지 못한다.

아비의 부모가 조부모가 되니 섬김을 부모와 같이 하여, 끝과 시작이 한결같아야 감히 뜻을 거스르지 아니할 것이니, 진실로 혹 받들어 좇는 것[承順]이 부모와 같지 않은 즉, 이는 그 근본을 잊은 것이다. 이런 까닭에 부모에게 효를 행하는 자는 또한 반드시 조부모에게 효를 행할지니, 이를 미루어 보아 이상으로 증고(曾高) 조부모에 이르러도 효로 섬긴 연후에 부모를 섬기는 도를 다하였다 말할 수 있다.

---

8) 공자의 제자.

4장 군신지의(君臣之義)를 밝힌다

위에 계셔서 명을 내리는 이가 임금이고 아래에 있어서 임금의 영을 실행하는 자가 신하이다. 임금이 신하를 부리는 것을 예로 하고 신하기 임금을 섬기는 것을 충실히 한 연후에야 군신의 도가 다하는 것이다. 요임금·순임금·우임금·탕왕·문왕·무왕 같은 임금됨과 기(夔: 순 임금의 신하, 后稷)·설(卨: 순 임금이 신하)·이윤(伊尹: 은나라의 재상)·여상(呂尙: 주나라의 재상, 姜太公)·주공(周公: 문왕의 아들이자 무왕의 동생. 주나라 成王을 보좌)과 소공(召公: 주공의 동생. 주나라 成王을 보좌) 같은 신하됨과 같아야 임금과 신하의 의리를 다한 것이다.

이 나라에 살면서 임금의 녹봉을 받아먹으며 임금에게서 신하의 의복을 받아 입고 진실로 불충의 마음을 품으면 이는 그 부모에게 불효한 자이다. 그러므로 부모에게 효도하는 자는 반드시 임금에게 충성한다. 직무에 힘쓰고[服勤] 죽음에 이르러서도 감히 소홀하지 못하여 그 자신을 잊고 그 나라에 목숨을 바치고, 나아가 진충(盡忠)을 생각하며 물러나 더하거나 넘치는 것[補過]을 생각하면, 사람다운 신하의 절개가 이에 끝나는 것이다.

5장 부부지별(夫婦之別)을 밝힌다

부부란 살아 있는 백성[生民]의 시초요 온갖 복의 근원이니 인륜의 가장 큰 것[最大]이다. 그러므로 궁궐의 방을 만들되 반드시 안과 바깥을 구별하여 사내는 바깥사랑에 지내며 안채를 말하지 않아야 하고 여자는 집 안채에 지내며 바깥을 말하지 않아야 한다. 지아비는 화목하며 지어미는 순종하여야 집안의 도가 바르게 될 것이다. 순(舜) 임금이 두 여자에게 형벌을 내린 것과, 문왕(文王)이 과부된 여자에게 형벌을 내린 것과 같아야 가히 올바른 집안을 올바르게 만드는 이치라 할 수 있다. 제왕도 이러하거늘 하물며 뭇사람들은 말해서 무엇하겠느냐.

6장 장유지서(長幼之序)를 밝힌다

　나를 앞서 태어난 자가 형이 되고 나 뒤에 태어난 자가 아우가 된다. 부모의 기혈을 함께 받아 모양을 나누어 태어난 것이므로 부모에 효도하는 자는 반드시 형제간에 우애가 있다. 형제 사이는 원망을 머물며 노여움을 간직하지 아니하여 화락하고 처음부터 화합한 다음에 가정이 화평하다. 『시경』에 말하기를 "아내와 서로 좋아함[好合]이 거문고를 연주하는 것과 같아야 화락하고 또한 즐겁다."라고 하였다.

　아버지의 큰형은 백부(伯父, 큰아버지)가 되고 아버지의 둘째형이 중부(仲父, 작은아버지)가 되고 아버지의 막내아우는 계부(季父, 막내아버지)가 된다. 아버지의 자매는 고모가 되니 나보다 먼저 태어난 자가 백자(伯姊, 큰고모)가 되고, 나보다 뒤에 태어난 이는 손아래누이가 된다. 형과 아우의 자식은 조카가 되고, 숙부의 아들은 종형제가 되고 종형제의 자식은 종질이 되고 종숙의 자식은 제종형제가 되고 제종숙의 자식은 삼종형제가 된다. 이를 미루어 짐작하여 이전 가문[功緦]의 내외 친척들 모두의 촌수를 가늠하여 멀고 가까움을 알아야 한다.

144

아버지의 외조는 친외조가 되고 조부의 외조는 증외조가 되고 어머니의 부모는 외조부모가 되고 어머니의 외조는 외외조가 된다. 어머니의 형제는 외숙[내구內舅]이 되고 어머니의 자매는 이모가 되고, 이모의 자식은 이종형제가 되고 외숙의 자식은 내종이 되고 고모의 자식은 외종이 된다. 이들과 사랑하고 친하고 연장자를 공경하는 마음을 받들며 효도하고 공경하며 우애하는 이치를 베푸는 것이 곧 장유(長幼, 어른과 어린이)의 서열이 있고 가문의 도리가 점차 성하여져 인륜이 밝히는 길이다.

7장 붕우지신을 밝힌다

붕우는 다른 성을 가진 자들 사이의 인륜이다. 그 덕을 받들며 그 어짊을 벗하여 말하니, 믿음이 있고 글로 만나 서로 옳은 일을 권하고[責善] 오래도록 이것을 섬겨 끝없이 바로잡고 굳세디굳센 즉, 붕우의 도가 다하는 것이다.

8장 음식의 예절을 말한다

기장[黍]과 피[稷]와 벼[稻]와 조[粱]와 콩[豆]과 대두[菽]와 보리[牟][9]
와 귀리[麥]는 곡식에서 제일 중요한 것들이다. 생명을 두텁게 하고
이롭게 사용하는 것이 이보다 앞서는 것이 없고, 사람을 먹이고 백
성을 기르는 것에 먹는 것보다 급한 것은 없다. 때문에 육부(六府)[10]
에서 곡식이 그것들 중에서 첫 번째를 차지하고 팔정(八政)[11] 중에
서 먹는 것이 그 중에서도 으뜸이 된다.

밥과 국[갱(羹)]과 물고기와 육고기와 술과 떡과 채소와 과일은 제
사에 쓰는 재료가 되는 품목이며, 귀한 손님[빈객(賓客)]을 접대하고
인생을 기르는 사물이다. 스스로 제사를 차리고 조상에 대한 제사
를 정성스레 하는 것이 효성의 근본이다. 더욱 마땅히 내게 있는 정
성을 다해 아저씨를 섬기는 것은 뭇 생명을 돌보는 것과 같으니, 가

---

9) 대맥(大麥).

10) 여러 가지 재용(財用)의 구성 요소(構成要素)인 수(水), 화(火), 금(金), 목(木), 토(土), 곡(穀)을
가리킴.

11) 여덟 가지의 정사(政事). 『서경』의 홍범에 기록되어 있는, 우(禹)가 정한 정치 도덕의 아홉 원칙인
홍범구주(洪範九疇)에 나오는 말. 오행, 오사, 팔정(八政), 오기, 황극, 삼덕, 계의, 서징(庶徵)
및 오복과 육극 등이 있다.

히 이르기를 '자식의 직분을 다한다'라고 할 것이다.

9장 만물을 논한다

대추와 밤과 배와 감과 귤과 석류와 포도와 여지(荔枝)는 과실의 보배이니 더욱 제사의 용품이 된다. 매화와 난초와 연꽃과 모란과 해당화는 화초 중에서 아름다운 것들이다. 회화나무[槐]와 개오동나무[楸]와 벽오동나무[梧]와 버드나무[柳]와 노송나무[檜]와 상수리나무[橡]와 구기자나무[杞]와 느릅나무[楡]는 나무에서도 큰 것들이다. 해바라기[葵藿]와 배추[菘]와 부추[菁]와 생강[薑]과 마늘[蒜]과 고사리[薇蕨]는 채소의 여러 품목이다.

마와 칡과 창포와 대나무와 갈대[蘆葦]와 수초[蘋藻]는 물과 뭍에서 자라는 풀이다. 날개 있는 것이 날짐승이 되고 털 있는 것이 들짐승이 되니 봉황과 학과 난(鸞)새와 고니와 꿩과 닭과 꾀꼬리는 날짐승에서 이름 있는 것들이다. 기린과 사슴과 말과 소와 개와 양과 호랑이와 코끼리는 달리는 짐승에서 유명한 것들이다.

용은 비늘 있는 동물의 으뜸이 되어 구름과 비를 불러오고 변화를 좋아해서 추분 후에는 물에 머물고 춘분 후에는 하늘에 머물러 있다. 거북은 단단한 껍질을 가진 동물의 으뜸이니 사람이 거북등으로 점을 쳐서 능히 길흉을 알게 되는데, 사물 중에 가장 영험한 존재이다.

잉어와 송어와 방어와 전복과 자라와 전어와 날치는 물고기 무리에서 이름 있는 것들이다.

꿀벌과 나비와 매미와 개똥벌레와 파리와 개미와 교룡(蛟龍)[12]과 이는 벌레의 미미한 것들인데, 모두 그 부류가 있고 각각 그 모양이 다르다.

---

12) 상상의 동물.

10장 유학을 말한다

선비는 경서(經書)와 사서(史書)로서 업을 삼으며 경서와 사서는 실천하는 근본이다. 『시경』과 『서경』, 『주역』과 『예기』, 『논어』와 『맹자』, 『중용』과 『대학』, 『춘추』와 『의례』와 『이아(爾雅)』13)와 『주례』와 『효경』이 13경이다.

사마천의 『사기』와 『한서』와 『좌전』과 『초사』와 『당송(唐宋) 8대가』14)와 『자치통감』과 『18사략』과 『한위고시(漢魏古詩)』와 당나라 이두원백(李杜元白)15)을 비롯한 여러 사람들의 집설(集說)과 『백가문총(百家文叢)』은 곧 옛사람의 저술이다. 서기(序記)16)와 발해(跋解)17)와 잠명(箴銘)18)과 송인(頌引)19)과 시부(詩賦)와 표책(表策)20)은 옛사

---

13) 중국(中國)에서 가장 오래 된 3권으로 된 자서(字書).
14) 명나라의 모곤이 엮은 당송팔대가의 문장을 초록한 책. 『당송팔대가문초』
15) 당나라의 시인 이백(李白)과 두보(杜甫), 원진(元稹)과 백거이(白居易) 등을 가리킴.
16) '서(序)'는 '머리말 또는 '사적(事蹟)의 요지(要旨)를 적은 글의 종류'이고, '기'는 '사적(事蹟) 또는 풍경(風景)을 적은 산문체(散文體)의 글의 종류'를 가리킴.
17) 발(跋)과 해(解)는 문체의 종류. '발'은 '책의 끝에 본문 내용의 대강이나 간행 경위를 적은 글'이며 '해'는 '해설하는 글'.
18) 잠(箴)은 '훈계(訓戒)하는 뜻을 적은 글'이며, 명(銘)은 '대개 운(韻)을 넣어 넉 자 한 짝으로 귀(句)를 이루어 서술(敍述)하는데, 주(主)로 자기자신(自己自身)을 경계(警戒)하거나 남의 업적(業績) 또는 사물(事物)의 내력을 찬양(讚揚)하는 것을 주된 내용(內容)으로 삼아 금석(金石)·기물(器物)·비석(碑石) 등에 새기는 글'.

람들이 쓴 문장[의 종류]이다.

---

19) 송(頌)은 '공덕(功德)을 찬미(讚美)하는 글의 종류'이고 인(引)은 '인용한 글'이나 '성현의 글을 인용하며 서술하는 문체의 하나'.

20) 표(表)는 '품고 있던 생각을 적어 제황께 올리는 글' 또는 '어떤 내용(內容)을 일정(一定)한 순서(順序)에 좇아 보기 쉽게 기록(記錄)한 글의 종류'이며, 책(策)은 '계책을 담은 글의 종류'.

11장 그릇과 궁궐을 말한다

붓과 묵과 종이와 벼루는 문방(文房)21)의 네 가지 도구이며, 안석 (几)과 책상과 평상과 이불과 베개와 요와 병풍과 휘장과 주렴과 천 막은 거처에 필요한 용품이다. 가야금과 거문고와 종과 북과 생(笙) 과 황(簧)과 축(筑)과 피리는 악기의 좋은 울림을 들려주는 것들이다. 갓[冠]과 요대와 겉옷과 신과 바지와 저고리와 버선과 도포는 복식 (服飾)22)의 대략이다. 금과 은과 진주와 옥과 동과 철과 납과 주석은 광산에서 생산되는 보배이고, 도검(刀劍)과 비녀와 홀(笏)은 몸 가까 이 두고 휴대하는 용품이다. 소반과 사발과 가마와 솥과 숟갈과 젓 가락과 접시와 제기[籩]는 그릇 용품의 대략이다.

궁궐[宮]과 전각(殿閣)과 관청 건물[府]과 정원과 문(闥)23)과 창살 있 는 창[櫳]과 행랑[軒]과 난간은 궁궐의 건물과 통로, 창문을 대략 총 괄하는 명칭이다.

---

21) 책을 읽거나 글을 읽는 방. 또는 문방구의 준말. 여기서는 '문방구'.
22) 옷과 몸차림의 꾸밈새.
23) 마루와 방 사이의 문.

유몽휘편

학부 편집국 편찬

(하)

사람은 인방(寅方)[1]에서 태어나[2] 임금[君長]이 처음 생겨났는데, 가로되 반고씨(盤古氏)이다. (그는) 천지의 도에 밝고 음양의 이치에 통달하니 만물의 조상이요 조화의 주인이다.

그 후에 천황씨(天皇氏)가 간지(干支)[3]를 처음 세웠다. 간(干)은 곧 갑(甲)과 을(乙)과 병(丙)과 정(丁)과 무(戊)와 기(己)와 경(庚)과 신(辛)과 임(壬)과 계(癸)이고, 지(支)는 곧 자(子)와 축(丑)과 인(寅)과 묘(卯)와 진(辰)과 사(巳)와 오(午)와 미(未)와 신(申)과 유(酉)와 술(戌)과 해(亥)다.

지황씨(地皇氏)가 이에 삼진(三辰)을 정하였는데 곧, 해와 달과 별이다. 낮과 밤을 근원으로 나누어 날을 쌓아 달이 되고 달을 쌓아 한 해를 이룬다.

인황씨(人皇氏)가 구름수레를 타며 여섯 마리 새[육우(六羽)]가 끄는 멍에를 잡고 그 산천을 다스려 구주(九州)를 나누었고, 나라를 다스

---

1) 동북방.
2) 인시: 하늘이 자시(子時)에 열리고, 땅이 축시(丑時)에 열리고, 사람이 인시(寅人)에 태어났다. 이때를 가리켜 태고(太古)라고 한다.
3) 간지: 천간(天干: 육십갑자의 위 단위)과 지지(地支: 육십갑자의 아래 단위). 또는 십간(十干)과 십이지(十二支).

리고 가르쳐 임금과 신하가 절로 생겨났고, 음식과 남녀가 절로 시초를 이루게 되었다. 이때에 구황(九皇)과 오룡(五龍)과 섭제(攝提)와 합락(合雒)과 연통(連通)과 서명(敍命)은 육기(六紀)를 다스린 여든여섯 명의 임금[중 뛰어난 이들]이며, 순비(循蜚)로부터 그 후로 인제(因提)와 선통(禪通)이 다 세차(歲次)4)가 있되 연대와 나라의 수도는 가히 살피지는 못한다.5)

사황씨(史皇氏)6)가 용의 얼굴에 네 개의 눈을 가지고 태어났으니 능히 글을 써서 규성(奎星)7)의 원곡(元曲)한 기세를 보고 거북껍질과 새 깃털의 무늬를 자세히 살펴 글자를 만들기 시작했다. 원황씨(元皇氏)가 백성을 울타리를 둘러 머물러 살게 하고 나무를 기르고[茹] 초목으로 머리카락을 묶는 것[絢髮]을 가르쳤고, 유소씨(有巢氏)가 나무로 집을 지어 보금자리를 만들었다. 수인씨(燧人氏)가 사람을 불에 익혀 먹는 법을 가르쳤고, 축융씨(祝融氏)가 노랫가락을 지었다. 갈천씨(葛天氏)가 노래를 지었으며 음강씨(陰康氏)가 춤을 만들었다. 주양씨(朱襄氏)가 큰 거문고[瑟]를 만들었고 여와씨(女媧氏)가 혼인을 처음 정했다. 고황씨(古皇氏)가 무궁화나무를 엮어 초가집을 만드니 구주(九州)의 인민이 의복과 음식 짓는 일을 시작하는 법을 알게 하였다. 복희씨(伏羲氏)가 팔괘(八卦)를 그리니 곧 건(乾)과 곤(坤)과 간(艮)과 손(巽)과 감(坎)과 이(離)와 진(震)과 태(兌)이다. (그는) 서계(書契)8)를 만들었고 오동나무를 깎아 거문고[琴]를 만들었으며 뽕나무에 누에를

---

4) 간지에 따라 정한 해의 순서.

5) 이때에 ~못한다: "천지가 개벽한 뒤 인황씨로부터 노나라 애공 14년까지를 2백76만 년으로 나누어 10기로 만들었는데, 구두 오룡 섭제 합락 연통 서명 순비 인제 선통 소흘이다[天地辟設 人皇以來 至魯哀公十有四年 積二百七六萬歲 分爲十紀曰 九頭 五龍 攝提 合雒 連通 序命 循蜚 因提 禪通 疏訖]."(『광아(廣雅)』「석천(釋天)」)

6) 사황씨(史皇氏): 한자를 처음 만들었다는 전설상의 인물인 창힐(倉詰).

7) 이십팔수(二十八宿)의 열다섯째 별. 이 별이 밝으면 천하는 태평하다고 함.

8) 사물(事物)을 나타내는 부호(符號)로서의 글자.

길러 베를 짜고 끈을 만들어[組桑] 큰 거문고를 만들었다. 신농씨(神農氏)가 쟁기와 보습[뇌사(耒耜)]을 만들었고 의약을 다스렸다. 헌원씨(軒轅氏)가 법령과 셈을 만들고 궁궐을 지었으며 벼슬[관면(冠冕)]과 의상을 만들었다. 서릉씨(西陵氏)에게 명하여 누에치는 법을 가르치며 기백(岐伯)으로 하여금 북과 피리를 만들게 하였다. 소호씨(少昊氏)가 경쇠를 지었고 전패씨(顓頊氏)가 달력을 만들고 제곡씨(帝嚳氏)가 마상북[鼗]과 쇠북[鍾]을 만들며 대나무피리[管]와 긴 대 피리[篪]를 불었다. 제요씨(帝堯氏)9)에 이르러 지극히 뛰어난 덕을 밝혀 빛이 온 세상[사표(四表)]을 비추어 만방이 협화(協和)10)하고 제순(帝舜)11)에게 임금 자리를 물려주었다[선위(禪位)]. 순임금이 준철(濬哲)하며12) 글로써 명성을 떨치고 온화하고 공손하며 진실하기가 요새와 같아[윤색(允塞)] 요임금의 아름다운 빛[光華]에 협력하였다.

이 시기를 맞아 고(皐: 皐陶)와 기(夔)와 직(稷: 后稷)과 계(契)와 같은 어진 신하[賢臣]들이 좌우에서 보필하야 문명의 다스림이 지극하며 모두 이루어졌다. (왕위를) 요순(堯舜)에 전수할 때 진실로 마음을 잡음으로써 경계하게 되고 순임금이 우(禹)임금에게 왕위를 물려줄 때도 세 마디 말로써 넉넉하여 심법(心法)을 서로 전하는 것이 그토록 간곡하였다.

대우(大禹: 우임금)13)가 덕을 사해에 펼치며 공로가 육부(六府)를 다스리며 9년의 물을 흐르게 하여 구주(九州)에 공물과 세금[貢賦]를 정하였고, 구목(九牧)의 쇠를 거두어 아홉 개 솥[九鼎]을 주성(鑄成)하고 아들 계(啓)에게 왕위를 전하였다. 계가 능히 우(禹)의 업적을 이었다

---

9) 요임금.
10) 협화: 협력하고 조화를 이룸.
11) 순임금.
12) 총명함.
13) 하우씨(夏禹氏).

고 했으나 후에 걸(桀)이 무도(無道)하여 하(夏)나라의 제사가 끊어졌다[逐絶]. (그러다가) 은(殷)나라 탕(湯)왕이 큰 덕을 무성하게 비추며 천명을 받들어 계승하여 하정(夏正)14)을 개혁하였고,15) 이윤(伊尹)이 재상을 맡아 임금과 백성을 윤택하게 만들었다. 고종(高宗)이 삼가 고요히 도(道)를 생각하매 꿈에 전하는 말을 듣고 나서 그 모양을 만들었다. 그 후에 은(殷)나라의 덕이 쇠하였는데, 주(紂)왕이 폭학(暴虐)하여 천명이 주(周)나라에 돌아갔다. 오호라 문왕(文王)이여 덕의 지순함이 해와 달이 비추는 것과 같아서 변화[易]를 헤아려[演] 가르침을 베풀었구나. 무왕(武王)이 한 벌의 융의(戎衣)에 천하를 크게 결단하여[大定] 저고리와 치마를 베풀어 다스렸다. 성왕(成王)이 나이가 어리므로[幼沖] 주공(周公)이 대신을 거느리고 나라를 다스려 예법을 제정하고 음악을 지었다. (주공이) 또한 『주례(周禮)』와 『의례(儀禮)』와 『이아(爾雅)』와 『역상(易象)』과 『시경(詩經)』의 「칠월편(七月篇)」과 『서경(書經)』의 「무일편(無逸篇)」과 『주송(周頌)』의 「청묘편(清廟篇)」을 지었으니, 전장(典章)과 법도(法度)가 지극히 찬연하게 갖추어졌다.

유왕(幽王)과 여왕(厲王)에 이르러 주나라의 법도가 쇠약해졌으나 선왕(宣王)이 중흥시켜 문무(文武)의 공적이 뚜렷한 업적을 드러냈다. 평왕(平王)에 이르러 주철(周轍)이 수도를 동쪽으로 옮기고 왕풍(王風)이 소지(掃地)하여 오패(五覇)가 맹(盟)을 주(主)하였다.

공자(孔子)가 근심하여 춘추(春秋)를 지어 일통(一統, 한 혈통)의 의로움을 밝히며 오시(五始)의 법(法)16)을 바로잡고 『주역(周易)』을 찬(讚)

---

14) 하나라의 올바름, 곧 하나라의 정의.

15) 하나라는 봄의 첫날인 인일(寅日)을 한 해의 시작[正初]으로 삼았는데, 은나라를 건국한 탕임금은 겨울의 마지막 날인 축일(丑日)을 한 해의 시작으로 삼았다.

16) 『춘추(春秋)』에는 元年, 春, 王, 正月, 公卽位라는 다섯 가지의 처음[五始]이 있다. 元은 만물이 비롯되는 氣의 처음, 春은 春夏秋冬 사시의 처음, 王이란 受命의 처음, 正月은 정교를 행하는 처음, 公卽位는 한나라의 처음이다.

하며 시서(詩書)[17]를 엮었다[刪]. 그 문하의 사람들이 『효경(孝經)』과 『논어(論語)』를 지었으니, 이것이 백성이 생긴 이래로 이만큼 성대한 것이 비길 데가 없을 만큼 만세에 스승으로 삼았다. 요순(堯舜)을 조술(祖述, 선인들의 본을 받아 서술하여 밝힘)하며 문무를 헌장(憲章)하여 일월의 밝음과 강한(江漢)의 빛남과 같았으니 신통육예(身通六藝)한 제자가 칠십 인이었다. 증자(曾子)가 『대학(大學)』을 짓고 자사(子思)가 『중용(中庸)』을 지어서 도통(道統)을 전하였고 맹자(孟子)에 이르러서야 더욱 그 도를 널리 퍼뜨렸으니 양묵(楊墨)을 막아 지키며 오패(五覇)를 축출하고 성선(性善)을 도(道)하며 인의(仁義)를 가르쳐 『맹자(孟子)』를 지었다.

그 후로 도를 전하는 것을 얻지 못하여 오랑캐들이 깔보았다[능이(凌夷)]. 진(秦)에 이르러 시서(詩書)를 불태우고 유생(儒生)을 파묻어 왕위에 오른 지 2대만에 망하였다. 한고조(漢高祖)가 통달한 법도로 군웅(群雄)을 이끌고 수레와 말을 몰아 척검(尺劍)[18]을 들고 천하를 취하니 소조(簫曹)의 정승 노릇과 한팽(韓彭)의 장수로서의 지략과 양평(良平)의 지모(智謀)가 다 창업한 원훈(元勳)이었다. 그러나 시서(詩書)를 섬기지 아니하고 유교의 도리를 좋아하지 아니하여 예절이 많이 진(秦)의 구습(舊習)을 답습한 까닭에, 다스리는 법도가 (앞선) 삼대(三代)에 비할 바가 못되었다.

문제(文帝)가 몸소 현묵(玄默)[19]을 수양하되 단상(短喪)[20]의 기(譏)를 면치 못하였고, 경제(景帝)가 형벌을 구휼하여 태형을 줄이면서 마침내 각박하다는 평판이 생겨났다. 무제(武帝)가 변방을 개척하고

---

17) 시경과 서경.
18) 삼척검의 준말. 곧 장검.
19) 죽은 듯이 침묵함.
20) 3년상을 줄여 1년상만 치르는 것.

도교를 탐하여 백성이 빈궁해지고 재물이 다하였다. 이때에 사마천(司馬遷)이 『사기(史記)』를 짓고 동중서(董仲舒)가 「천인책(天人策)」을 지어서 춘추시대에 커다란 하나의 줄기[大一統]를 밝혔다.

그 후 애평(哀平)이 짧게 재위하였고 왕분(王奔)이 왕위를 빼앗았다. 광무(光武)가 중흥하여 식마논도(息馬論道)21)하며 투과강예(投戈講藝)22)하여 불꽃처럼 융성한 문화의 산물이 볼 만하였다.

명제(明帝)가 이어 즉위하여 서역의 불법이 중국에 처음 알려졌으나 그 도가 허무(虛無)를 숭상하였다. 환령(桓靈) 이후로 나라의 기강이 바로잡히지 못하여[垂絶] 조조와 손권이 각각 할거하여 천하가 삼분하였다. 촉한 소열(蜀漢昭烈)23)이 영웅의 재략으로 제갈무후를 초가집에 세 번이나 돌아보아 천하를 도모하였으나 중도에 (유비가) 죽음을 맞이하여 구업을 회복하지 못하였다. (그 후) 서진무제(西晉武帝)가 비록 천하를 소유하나 역년(歷年)24)이 많지 못하여 다섯 오랑캐가 중화를 어지럽혔고, 송(宋)과 위(魏)와 제(齊)와 양(梁)과 진(陳)과 주(周)가 각각 분열하였다. 수(隨)가 비록 구우(區宇)를 한데 섞어 하나로 만들었으나[混一], 능히 오래 전하지 못하였다. 당고조(唐高祖)가 예언[圖讖]을 응하여 대사를 성취하였다. 당태종이 팔황(八荒)을 개척하며 사국(四國)을 회유하였다. 방현령(房玄齡)과 두여회(杜如晦)25)가 왕을 보필하며 위징(魏徵)과 저수량(楮遂良)이 간쟁(諫諍)26)하여 정치와 법도가 비록 밝게 되었으나, 기강이 오히려 어지러워졌다. 헌종(憲宗)에 이르러 한유(韓愈)가 임금께 글을 올려 불골(佛骨)27)을 배척

---

21) 말에서 내려 도를 논함. 곧, 흉금을 터놓고 도를 논함.
22) 창을 던지며 기예를 익힘. 곧, 무예와 학문을 익힘.
23) 촉한의 위엄을 밝히는 이. 유비의 별칭.
24) 임금의 재위 기간.
25) 태종 때 법률과 제도를 정비하여 '정관의 치'를 이룬 명신들. 흔히 둘을 방두(房杜)라 일컬음.
26) 임금에게 상소를 올림.
27) 부처의 유골. 곧, 사리.

하고 또 도에 관한 글[原道]를 지어 자신의 도[吾道]를 밝혔다. 그러나 거룩함이 아득하고 말씀이 막히며 불경이 사라지고 가르침이 느슨하여 주나라 공자(孔子)의 도통(道統)이 전해지지 못하고 선왕의 풍속과 가르침을 다시 볼 수 없게 되었다.

　오계(五季)28)에 이르러 득실이 덧없어 배반과 난리가 혹독하였다. 송태조가 천하를 하나의 집으로 삼으니 오성(五星)이 규성(奎星)에 모여들었다[聚].29) 사문(斯文)30)이 다시 가르치고 인종(仁宗)과 영종(英宗)과 신종(神宗)과 철종(哲宗)이 서로 왕위를 물려주고, 한기(韓琦)와 범중엄(范仲淹)과 부필(富弼)이 정치를 도왔다. 또 주렴계(周濂溪, 周敦頤)31)가 태극도설(太極圖說)을 지어 천리(天理)의 근원을 밝히며 만물의 시작과 끝을 연구하고, 정명도(程明道, 程顥)가 공안(孔顔)의 학을 탐구하여 원기(元氣)의 모임이 원만하게 하늘을 이루었다. 정이천(程伊川, 程頤)이 앞선 성현을 이어받아 이전의 학문을 열고, 소강절(邵康節)32)이 천하에 빼어난 기량을 가진 인물과 한 마음으로 혼화(渾化)하여 수많은 이치가 갖추어졌다. 장횡거(張橫渠)33)가 일변(一變)하여 도에 이르고, 주자(朱子)34)가 성리학을 풀이하고 밝혔으며 육경(六經)을 훈고(訓詁)하고 강목(綱目)을 해석하였으며 『소학(小學)』을 지었다.

　송나라의 덕이 도중에 쇠퇴하여 수도를 남쪽으로 옮길 지경에 이

28) 중국의 '후오대(後五代)'. 다섯 왕조(王朝)가 자주 갈린 혼돈의 시기.
29) 오행성(五行星)이 규성(奎星)의 방위에 모이는 것. 송 건덕(乾德) 5년(967)에 오행성이 규성의 방위에 모였는데, 이후부터 천하가 태평하였다 한다. 이로부터 '오성이 규에 모였다'하면 문명(文明)의 운이 돌아왔다고 생각했다. 『宋史』「寶儀傳」.
30) '유학자'를 높여 부르는 말.
31) 주돈이, 북송의 유학자로 송학(宋學)의 시조(始祖)라고 불림.
32) 소옹(邵雍), 북송 때 유학자.
33) 장재(張載), 북송 때 유학자. 이기 일원론(理氣一元論)을 주장함.
34) 주희(1130~1200). 송나라 유학자로 도학(道學)과 이학(理學)을 합친 이른바 송학(宋學)을 집대성하였다. '주자(朱子)', '주부자(朱夫子)'라고 높여 일컬으며, 그의 학문을 '주자학'이라고 한다. 주요 저서로는 『시전』, 『사서집주(四書集註)』, 『근사록』, 『자치통감강목』 등이 있다.

르러, 오랑캐 원(元)이 떼를 지어 들어왔다. 비록 통일의 업을 이루었으나 예덕(穢德)35)이 드러났으니 나라의 연륜이 겨우 백 년이 넘었다. 하늘의 운세가 순환하여 왕복(往復)하지 아니함이 없었다.

명(明)태조 주원장(朱元璋)이 검을 차고 작은 고을로부터 중원을 깨끗하게 다스리고 대업을 창건하였다. 그의 탁월한 병법과 넓은 도량은 가히 한고조에 비견되고 치국(治國)과 안민(安民)은 당태종의 업적 아래에 두지 아니하였다. 문신인 유기(劉基)와 이선장(李善長)은 경제의 재략이 제갈공명에 버금가며, 장수인 서달(徐達)과 곽자흥(郭子興)은 광정(匡正)36)의 공훈과 업적[勳業]이 조빈(曹彬)에 비길 만하였다.

그 후 이백여 년이 흘러 신종 만력의 시대에 이르러 나라 안으로는 동림당론(東林黨論)의 화(禍)37)와 나라 바깥으로 서주침요(西洲侵擾)의 역(役)38)이 있어서 나라가 피폐해지고 백성이 소요하여 나라가 분열하였다. 또한 그 후 의종 숭정연대에 이르러 떠돌이도적 이자성(李自成)이 무리를 품어 성을 점거하여 강남을 빼앗으니 왕실이 방탕하여 패배하였다. 무신(武臣) 오삼계(吳三桂)가 강개(慷慨)히 부흥의 뜻이 있어서 북쪽 변방에서 의병을 일으켰으나 능히 다스릴 계책이 없었다. 이에 청인들에게 도움을 청해 한데 힘을 모아 적을 토벌하기를 도모하다가 마침내 중국 한 지역을 청에 빼앗겨 넘겨주게 된 바 되었다.

---

35) 임금의 좋지 못한 행실.

36) 잘못된 것이나 부정(不正) 따위를 바로잡아 고침.

37) 명나라 신종 때 정치적 분란. 태자옹립을 둘러싸고 동림서원을 근거지로 한 재야학자와 불평분자들의 모임에 조정 관료들과 환관까지 가세하여 당파를 이루었고, 이에 대한 반대파가 논전을 벌이면서 정쟁을 일삼게 되어 명나라가 쇠퇴하게 되는 원인의 하나로 지목됨.

38) 서주는 광동성(廣東省) 증성현(增城縣) 서남쪽 34.4Km되는 일대로서, 밀무역이 성행하던 해안 지역을 봉쇄하자 이 일대에 왜구들이 출몰하여 밀무역과 노략질을 일삼게 되었고, 왜구의 출몰은 잦은 민란 속에 명나라가 급속히 쇠퇴하는 원인이 되었다.

유몽휘편

학부 편집국 편찬

(원전)

牖蒙彙編

대개太極이肇判ᄒᆞ며後로上은天이되고下ᄂᆞᆫ地
가되야人物이其中에在ᄒᆞ니日이往ᄒᆞ고月이來
ᄒᆞ야歲功이成ᄒᆞᄂᆞ지라上에在ᄒᆞ니日月과星
辰이다天象이오下에在ᄒᆞ거ᄂᆞᆫ草木과山川이다
地理니天地이間ᄒᆞ고萬物에中ᄒᆞ야가장貴ᄒᆞ者
ᄂᆞᆫ人이라

右首章은總論天地人이라

一大ᄒᆞᄂᆞ거슬갈온大이니高高ᄒᆞ며蒼蒼ᄒᆞ야四海
를覆ᄒᆞ며萬物을育ᄒᆞᄂᆞ故로四時를運行ᄒᆞ니春

夏와秋冬이랏라正月과二月과三月은三春이오

四月과五月과六月은三夏오七月과八月과九月

은三秋오十月과十一月과十二月은三冬이니十

二時가合ᄒᆞ야一晝夜ㅣ되고三寸日이合ᄒᆞ야一

月이되니月이小ᄒᆞ죽二十九日이一月이되고三

歲에一閏ᄒᆞ며五歲에再閏ᄒᆞ니閏이란者ᄂᆞᆫ日의

餘ㅣ라

乾文이五星이有ᄒᆞ니金星과木星과水星과火星

과土星이오天道ㅣ變化ᄒᆞᆷ은風雷와雨露와霜雪

이라

4

春夏엔雨露로써潤ᄒ고秋冬엔霜雪로써肅ᄒ며

風으로써冬을鳴ᄒ고雷로써夏를鳴ᄒᄂ니라

天道ㅣ不言ᄒ야도品物이成ᄒ고歲功이成ᄒᄂ

者ᄂ四時의吏와五行의佐ㅣ其氣를宣ᄒ이라

右一章은言天道ㅣ라

博厚ᄒ이下에在ᄒ야天道를上應ᄒᄂ者ᄂ地니

萬物을載ᄒ야阜成ᄒ며大陸을包括ᄒᄂ니라

五嶽은東의泰山과西의華山과中의嵩山과南의

衡山과北의恒山이라

四海ᄂ東海와南海와西海와北海라

春이 茂ㅎ고 秋에 黃ㅎ는 者는 草ㅣ오 花ㅣ 開ㅎ고 葉
落ㅎ야 成實ㅎ는 者는 果ㅣ오 즉 松栢은 四時를
貫ㅎ야 其 靑을 不改ㅎ느니라

五行은 水와 火와 木과 金과 土ㅣ니 凡人에 日用의
物이라 相生ㅎ며 相克ㅎ이 有ㅎ니 相生은 水ㅣ木
을 生ㅎ며 火ㅣ土를 生ㅎ며 木이 火를 生ㅎ며 金이
水를 生ㅎ며 土ㅣ 金을 生ㅎ이오 相克은 水ㅣ火를
克ㅎ며 火ㅣ金을 克ㅎ며 木이 土를 克ㅎ며 金이 木
을 克ㅎ며 土ㅣ水를 克홈이라

土의 功은 稼穡이 爲大ㅎ故로 土宜를 相ㅎ야 百穀

을播ᄒ야成熟ᄒ은 兩露의 澤이오真舞獲ᄒ功은

ᄉ에在ᄒ니라

金과木으로뻐器皿과宮室을ᄒ고水와火로써飮

食을ᄒ야五行이相資ᄒ야뻐成功ᄒ니成功ᄒᄂ

道ᄂ다人의在ᄒ니라

東과西와南과北과中央이五方이되니五方이各

各五行으로써相配ᄒ니東은木이오西ᄂ金이오

南은火오北은水오中央은土ㅣ라

五味ᄂ辛과酸과醎과苦와甘이니五行의味라金

은辛ᄒ고木은酸ᄒ고水ᄂ醎ᄒ고火ᄂ苦ᄒ고土

亖一

노干호니라

五色은 青과 赤과白과黑과黃이니 五行의 色이라

水은 青이오 火는 赤이오 金은 白이오 水는 黑이오

土는 黃이라

五音은 宮과 商과 角과 徵과 羽ㅣ니 五行의 音이라

宮은 土音이오 商은 金音이오 角은 木音이오 徵은

火音이오 羽는 水音이라

一과二와三과四와五와六과七과八과九와十과

百과千과萬과億과兆ㅣ 五行의 數ㅣ니 一六은 水

오二七은 火오 三八은 木이오 四九는 金이오 五十

二一

8

은土ㅣ라

右二章은言地道ㅣ라

五行의氣로秀호者ㅣ人이니人의五倫과五德이
有홈이天의五星이有호고地의五行이有갓트
니五倫이란者눈父子와君臣과夫婦와長幼와朋
友오五德이란者눈仁과義와禮와智와信이라
人의五倫이有홈이父子의親홈에서先홈이無호
니人이父ㅣ아니면뻐生홈을得지못홀지라故로
孝로뻐事호니孝란者눈百行의源이라반다시養
志로뻐爲主호야敢히犯치아니

9

호고定省과溫淸호는禮와飮食과寒暖호節을반

다시躬檢호야文王의日三朝와武王의亦一飯갓

치호니此는天子의孝ㅣ라

子路는百里에負米호고曾子는반다시所與룰請

호니다子職을盡호고親志룰承홈이라人이진실

로其親에孝호則兄弟와妻子ㅣ自然이親感호야

其藏을率호고善에化호는지라故로人이그父母

와此弟의間에間치못호느니라

父의父母ㅣ되니事홈을父母와如호야

終始가如一호야敢히違志치아니홀거지니진실

10

노ᄅᆞ或亦順이父母와不如ᄒᆞ則是ᄂᆞᆫ其本을忘ᄒᆞ이

라是故로父母에게孝ᄒᆞᆯ지니推此ᄒᆞ야以上으로曾高에至ᄒᆞ

母에게孝ᄒᆞᆯ지니推此ᄒᆞ야以上으로曾高에至ᄒᆞ

야도孝로ᄡᅥ事ᄒᆞ然後에可히謂ᄒᆞ되事親의道ᄅᆞᆯ

盡ᄒᆞ얏다ᄒᆞᆯ미로다

右三章은言人道ㅣ니明父子之親이라

在上ᄒᆞ야出令ᄒᆞᄂᆞᆫ者ㅣ君이오在下ᄒᆞ야君의令

을行ᄒᆞᄂᆞᆫ者ㅣ臣이라君이臣을使ᄒᆞ을禮로ᄡᅥᄒᆞ

고臣이君을事ᄒᆞ을忠으로ᄡᅥᄒᆞ然後에야君臣에

道ㅣ盡ᄒᆞᄂᆞ니堯舜과禹湯과文武에爲君과爲臣에

파伊呂와 周召에 爲臣갓터야 君臣의 義ㅣ盡ㅎㄴ
니라

믓邦에 居ㅎ야 君의 祿을 食ㅎ미 君의 衣을 服ㅎ고
진실로 不忠의 心을 懷ㅎ즉붓노 其親에 不孝ㅎ者
ㅣ라 故로 親에 孝ㅎㄴ者노 반다시 君에 忠ㅎㄴ니
服劒ㅎ고 庭에 主ㅎ야 敢히 少 忽치 못ㅎ야 其身을
忠ㅎ고 其國에 利ㅎ야 進ㅎ야 盡忠을 思ㅎ고 退ㅎ
야 補過를 思ㅎ즉 人臣의 飾이 於頭에 盡ㅎ니라
右四章은 明君臣之義라

夫婦란 者노 生民의 始오 百福의 原이니 人倫의 最

12

大호지라故로宮室을호딕반다시內外룰辨호야

男은居外호야內룰不言호고女눈居內호야外룰

不言호고夫ㅣ利호며婦ㅣ順호야야家道ㅣ正호

리니帝舜의二女룰刑홈과文王의寡妻룰刑홈又

더야可히뻐正家호눈道ㅣ라호리니帝王도猶然

커든호믈띠眾人이라

右五章은明夫婦之別이라

先我호야生호者ㅣ兄이되고後我호야生호者ㅣ

弟가되니父母의氣血을同受호야分形호야生호

故로說에孝호눈者눈반다시兄弟에友호눈니兄

13

190

弟의 間은 怨을 宿ᄒ며 怒를 藏치아니ᄒ야 和樂ᄒ
고 旣翕ᄒ然後에 室家ᅵ平ᄒᄂ니 詩에 ᄀᆞ오ᄃᆡ 妻
子에 好合ᄒᆷ이 瑟琴을 鼓言과 如ᄒ야 兄弟ᅵ旣翕
ᄒ며 아 和樂ᄒ고 且湛ᄒ다ᄒ니라
父의 兄이 伯父ᅵ되고 父의 仲弟ᅵ仲父ᅵ되고 父
의 李弟ᅵ季父ᅵ되고 父의 姉妹ᅵ姑母ᅵ되니 先
農ᄒ야 生ᄒ者ᅵ伯姉ᅵ되고 後我ᄒ야 生ᄒ者ᅵ
妹가 되며 兄弟의 子ᅵ姪이되고 叔父의 子ᅵ從兄
弟ᅵ되고 從兄弟의 子ᅵ從姪이되고 從叔의 子ᅵ
再從兄弟ᅵ되고 再從叔의 子ᅵ三從兄弟ᅵ되니

推此호야以往으로끼總의內外에親을다可히計

寸호야遠近을知홀지니라

父의外祖ᄂ親外祖ᅵ되고祖父의外祖ᅵ曾外祖

ᅵ되고母의父母ᅵ外祖父母ᅵ되고母의外祖ᅵ

外祖ᅵ되고母의兄弟ᅵ內舅ᅵ되고母의姉妹ᅵ

ᅵ姨母ᅵ되고姨母의子ᅵ姨從兄弟ᅵ되고內舅

의子ᅵ外從이되고姑母의子ᅵ外從이되니그愛

親호고敬長호ᄂ心을推호며孝悌호고友愛호ᄂ

道ᄅ昌用호즉長幼ᅵ序ᅵ有호고家道ᅵ漸昌호야

人倫이明호리라

右六章은明長幼之序라

朋友는異姓의倫이니그德을友ᄒᆞ며그仁을輔ᄒᆞ
야ᄒᆞ미信이有ᄒᆞ고文으로뻐會ᄒᆞ야서루責善
ᄒᆞ고父ᄅᆞᆺ도록敬之ᄒᆞ야切切ᄒᆞ며偲偲ᄒᆞ족朋友의

道ㅣ盡ᄒᆞ니라

右七章은明朋友之信이라

黍와稷과稻와粱과豆와菽과牟와麥은穀의最重
ᄒᆞ者ㅣ라厚生ᄒᆞ고利用ᄒᆞ이此에莫先ᄒᆞ고飼人
ᄒᆞ고養民ᄒᆞ에食이莫急ᄒᆞ故로六府의穀이그一
이니居ᄒᆞ고八政의食이그首가되니라

飯과 羹과 魚와 肉과 酒와 餅과 蔬와 果는 祭祀에 需

品이오 賓客을 接호고 人生을 養호는 物이라 自奉

에 薄호고 奉先에 厚홈이 誠이 事孝의 本이라 더욱 맛당

이 在我호誠을 盡호야 事先홈을 事生과 如호즉 可

히 써 호디 于職을 盡호다호리로다

右八章은 言飮食之節이라

棗와 栗과 梨와 柿와 橘과 榴와 葡와 荔는果의 珍이

니더욱 祭祀의 用이되나니라

梅와 蘭과 蓮과 菊과 牧丹과 海棠은 花卉의 佳호者

一라 槐와 楸와 梧와 柳와 榆와 橡과 杞와 榆는樹木

의 大호者ㅣ라 葵藿과 菘과 菁과 薑과 蒜과 薇蕨은

菜種의 品이라

麻와 葛과 蒲와 竹과 蘆葦와 蘋藻는 水陸의 草ㅣ라

羽者ㅣ禽이되고 毛者ㅣ獸가되니 鳳과 鶴과 鷺과

鶡과 雉와 雞와 鷰과 鶯은 飛禽의 有名호者ㅣ라

麟과 鹿과 馬와 牛와 犬과 羊과 虎와 象은 走獸의 有

名호者ㅣ라

龍은 鱗蟲의 長이되야 雲雨를 興호고 變化를 善호야

秋分後에 눈水에 在호고 春分後에 눈天에 在호니라

龜는 介蟲의 長이되니 人이 뻐卜호야 能히 吉凶을

18

知ᄒ니 物의 至ᄒᆡᆫ 者ㅣ라

鯉와 鱒과 魴과 鰍과 鼈와 鰻과 鱔과 鯊는 魚族의 有

名ᄒᆞᆫ 者ㅣ라

蜂과 蝶과 蟬과 螢과 蠅과 蟻와 蚊과 蟊은 虫의 微ᄒᆞᆫ

者ㅣ로ᄃᆡ다 그 類가 有ᄒᆞ고 各各 그 形이 殊ᄒᆞ니라

右九章은 論萬物이라

儒는 經史로ᄡᅥ 業을 ᄒᆞ니 跋實ᄒᆞ고 本이라 詩書와

易禮와 論孟과 庸學과 春秋와 儀禮와 爾雅와 周禮

와 孝經이 十三經이라

馬史와 漢書와 左傳과 楚辭와 八大家와 通鑑과 史

19

略과 漢魏古詩와 唐의 李杜元白諸子에 集說과 百

家文叢은 即古人에 著述이오 序記와 跋解와 箴銘

과 頌引과 詩賦와 表策은 古人에 文章이라

右十章은 言儒學이라

筆과 墨과 紙와 硯 은 文房에 四具ー오 几와 案과 牀과

席과 枕과 褥과 屏과 帳과 簾과 幕은 居處에 要用이라

琴과 瑟과 鐘과 鼓와 笙과 簧과 筑과 笛은 樂器의 善鳴

호노者ー오 冠과 帶와 衣와 履와 袴와 襦와 衾과 袍

는 服餙의 大略이라

金과 銀과 珠와 玉과 銅과 鐵과 鉛과 錫은 礦産의 珍寶

一오 刀劍과 簪과 笏은 近身의 佩用이라

盤과 盂와 釜과 鬵과 匙와 箸와 邊과 笠는 器用의 大略이라

宮과 殿과 府와 院과 廳과 櫳과 軒과 檻은 宮室門戶의 大略總名이라

右十一章은 言器用宮室이라

21

人이 寅에 生ᄒ야 君이 始有ᄒ니 君은 葢 天古氏—
라 夫 地의 道에 明ᄒ고 陰陽의 理에 達ᄒ니 萬物의
祖오 造化의 主—라 其後에 天皇氏—干支를 始立
ᄒ니 干은 卽甲과 乙과 丙과 丁과 戊와 己와 庚과 辛과
壬과 癸오 支는 卽子와 丑과 寅과 卯와 辰과 巳와 午
와 未와 申과 酉와 戌과 亥라 地皇氏—이에 三辰을
定ᄒ니 卽日月星이라 晝夜를 始分ᄒ야 積日ᄒ야
爲月ᄒ고 積月ᄒ야 爲歲ᄒ니라 人皇氏—雲車를
乘ᄒ며 六羽를 駕ᄒ야 그 山川을 相ᄒ야 九州에 分

호니 政教와 君臣에 自起호바오 飮食과 男女에 自

始호바ㅣ라 是時에 九皇과 五龍과 攝提와 合雜과

連通과 敍命은 六紀에 八十六君이오 循蜚로 븟터

明後로 因提와 禪通이다 世次ㅣ 有호되 年代와 國

都눈 可히 攷치 못호지라 史皇氏ㅣ 龍顔이오 四目

이니 生호민 能히 書호야 奎星의 圓曲호勢를 觀호

고 龜甲과 鳥羽의 文을 察호야 造字를 始호고 元皇

氏ㅣ 氏를 櫓居호고 木을 茹호며 絢髮호기를 教호

고 有巢氏ㅣ 橧木호야 爲巢호고 燧人氏ㅣ 人을 火

食을 教호고 祝融氏ㅣ 樂을 作호고 葛天氏ㅣ 歌를

24

作ㅎ고 陰康氏ㅣ 舞를 制ㅎ고 朱襄氏ㅣ 瑟을 造ㅎ
고 女媧氏ㅣ 婚姻을 始定ㅎ고 古皇氏ㅣ 槿을 編ㅎ、
야 爲廬ㅎ니 九州의 人民이 木服과 飮食의 制를 始
知ㅎ고 伏羲氏ㅣ 八卦를 畫ㅎ니 卽乾과 坤과 艮과
巽과 坎과 離와 震과 兌라 書契를 造ㅎ며 斷桐ㅎ야
爲琴ㅎ며 組桑ㅎ야 爲瑟ㅎ고 神農氏ㅣ 耒耟를 作
ㅎ며 醫藥을 制ㅎ고 軒轅氏ㅣ 律과 算을 造ㅎ고 官
室을 作ㅎ며 冠冕과 衣裳을 制ㅎ며 西陵氏를 命ㅎ
야 蠶을 敎ㅎ며 岐伯으로 야곰 鼓吹를 作ㅎ고 少
昊氏ㅣ 磬을 制ㅎ고 顓頊氏ㅣ 曆을 作ㅎ고 帝嚳氏

一聲鍾을作ᄒ며管과箎를吹ᄒ고帝堯氏에至ᄒ
야克히俊德을明ᄒ야光이四表에被ᄒ야萬邦이
協和ᄒ고帝舜에게禪位ᄒ니舜이潛哲ᄒ야文明
ᄒ며溫恭ᄒ며允塞ᄒ야堯의光華에協ᄒ지리是
時를當ᄒ야皐와夔와稷과契의賢臣이左右로輔
弼ᄒ야文明의治가至ᄒ며盡ᄒ니堯舜이傳授ᄒᆯ
際에진실노中을執홈으로써爲戒ᄒ고舜이禹에
게禪位ᄒ실ᄸ三言으로뻐益戒ᄒ니心法의相傳ᄒ
이저리ᄒ롯그丁寧ᄒ니라大禹ㅣ德을四海에敷ᄒ
며功이六府를治ᄒ며九年의水를疏ᄒ야九州에

26

貢賦를 定ᄒᆞ며 九牧의 金을 收ᄒᆞ야 九鼎을 鑄ᄒᆞ야 成ᄒᆞ고 子啓에게 傳位ᄒᆞ니 啓ㅣ 能히 禹의 績을 繼ᄒᆞ얏더니 後에 桀이 無道ᄒᆞ야 夏祀ㅣ 遂絶ᄒᆞ고 殷湯이 大德을 懋昭ᄒᆞ며 天命을 奉承ᄒᆞ야 夏正을 革ᄒᆞ고 伊尹이 相ᄒᆞ야 蒸民을 政澤ᄒᆞ고 高宗이 恭黙히 道를 思ᄒᆞ야 農에 傳說을 得ᄒᆞ야 이에 作相ᄒᆞ고 그 後에 殷德이 衰ᄒᆞ야 紂ㅣ 暴虐ᄒᆞ야 天命이 周에 歸ᄒᆞ니 文王이여 德의 純홈이 日月이 照홈과 如ᄒᆞ야 易을 演ᄒᆞ야 敎를 垂ᄒᆞ고 武王이 一戎衣에 天下를 大定ᄒᆞ야 衣裳을 垂ᄒᆞ야 治ᄒᆞ고 成王이 年이

幼冲홈의周公이輔相호야制禮호며作樂호고써

周禮와儀禮와爾雅와易象과詩의七月과書의無

逸과頌에淸廟룰著호니典章과法度ㅣ粲然히克

備호니라問王과厲王에至호야周道ㅣ衰호얏더

니宣王이中興호야文武의功業을明호고平王에

至호야周轍이東遷호고王風이掃地호야五霸ㅣ

盟을主호니孔子ㅣ懼호야春秋룰作호야一統의

룰뻬호며五始의法을正호고周易을讚호며詩

룰刪호며그門人이孝經과論語룰述호니生民

書룰削호며그門人이孝經과論語룰述호니生民

의大홈으로이예盛홈이업고萬世에師라堯舜을

祖述ᄒᆞ며文武를憲章ᄒᆞ야日月의明홈과江漢의

濯홈과ᄀᆞᆺᄒᆞ니身通六藝ᄒᆞ弟子ㅣ七十人이라曾

子ㅣ大學을作ᄒᆞ고子思ㅣ中庸을述ᄒᆞ야道統을

傳ᄒᆞ고孟子에至ᄒᆞ야더욱그道를闡ᄒᆞ니楊墨을

排ᄒᆞ며五霸를黜ᄒᆞ고性善을道ᄒᆞ며仁義를論ᄒᆞ

야孟子를作ᄒᆞ니라그後로道傳ᄒᆞ기를엇지못ᄒᆞ

야凌夷ᄒᆞ야泰에至ᄒᆞ야詩書를焚ᄒᆞ고儒生을坑

ᄒᆞ야閏位에居ᄒᆞ지二世에亡ᄒᆞ고漢高祖ㅣ黎遽

호度로羣雄을偶馭ᄒᆞ야尺劍을提ᄒᆞ고天下를取

ᄒᆞ니蕭曹의相業과韓彭의將略과良平의智謀가

29

다創業호고元勳이라然이나詩書를不事호고儒術을不好호야禮節이만이秦의舊를襲호故로治道ㅣ三代에比호지못호니라文帝ㅣ몸소玄黙을修호되喪의幾를免치못호고景帝ㅣ刑을恤호야答을減호되첨刻薄호各이有호고武帝ㅣ遊를開호고仙을求호야民窮호고財盡호니此時를當호야司馬遷이史記를作호고董仲舒ㅣ天人策을作호야며春秋에大一統을明호니라그後에哀平이經祚호고王莽이簒奪호미光武ㅣ中興호야息馬論道호며投戈講藝호야燦然히文物이可視

30

호지라明帝ㅣ繼立호야西域의佛決이中國이始
通호니그道ㅣ虛無를崇尙호더라桓靈以後로國
紀이垂絶호야曹操와孫權이각각割據호야天下
一三分호니劉漢昭烈이英雄의材略으로諸葛武
侯를草廬에三顧호야天下를圖호더니中途에崩
祖호야舊業을恢復지못호고西晉武帝ㅣ비록天
下를有호나歷年이不多호야五胡ㅣ華를亂호니
宋과魏와齊와梁과陳과周ㅣ각각分裂호고隋ㅣ
비록區宇를混一호나能히久傳치못호고唐高祖
一圖讖을應호야大事를濟호고太宗이八荒을開

十二一

31

拓ㅎ며 四國을 懷柔ㅎ야 房玄齡과 杜如晦가 輔佐
ㅎ며 魏徵과 楮遂良이 諫諍ㅎ야 治法이 비록 明ㅎ
나 綱紀가 오히려 亂ㅎ고 憲宗에 至ㅎ야 韓愈ㅣ上
表ㅎ야 佛骨을 斥ㅎ고 原道룰 作ㅎ야 吾道룰 明
ㅎ나 聖이 遠ㅎ고 言이 湮ㅎ며 經이 殘ㅎ고 敎ㅣ弛
ㅎ야 周孔의 道統이 그 傳흠을 得지 못ㅎ고 先王의
風敎룰 可히 復見치 못ㅎ녀라 五季에 及ㅎ야 得失
이 無常ㅎ야 乖亂이 極ㅎ지라 宋太祖ㅣ 天下로뻐
一家룰 合으미 五星이 奎에 聚ㅎ야 斯文이 啓ㅎ
고 仁宗과 英宗과 神宗과 哲宗이 相繼ㅎ야 韓琦와

32

范仲淹과富弼이政을贊ᄒᆞ고또周濂溪一太極圖

澁을作ᄒᆞ야天理의根源을明ᄒᆞ며萬物의終始를

ᄒᆞ고程明道ㅣ孔顏의學을尊ᄒᆞ야元氣의會ᄒᆞ

이渾然이天成ᄒᆞ고程伊川이前聖을繼ᄒᆞ며來學

을開ᄒᆞ고邵康節이天挺ᄒᆞᆫ人豪로一心이渾化ᄒᆞ

야萬理가其備ᄒᆞ고張橫渠ㅣ一變ᄒᆞ야道에至ᄒᆞ

고朱夫子ㅣ性理를講明ᄒᆞ며六經을訓詁ᄒᆞ고緝

目을述ᄒᆞ며小學을作ᄒᆞ니宋德이中衰ᄒᆞ야南

遷이至ᄒᆞ야胡元이入寇ᄒᆞ니비록能히統一의業

을成ᄒᆞ나穢德이彰聞ᄒᆞ야歷年이계우百餘ㅣ라

天運이 循環호야 往호 復치아니호이 無호지라

明太祖朱元章이 劒을 仗호야 濠州로붓터 中原을

掃淸호고 大業을 創建호니 그 英武와 恢廓은 可히

漢高祖에 比호며 治國과 安民은 唐太宗에 下치아

니호고 文臣에 劉基와 李善長은 經濟의 才略이 孔

明이 亞호며 武將에 徐達과 郭子興은 匡定의 勳業

이 曹彬에 擬호니라 傳호야 二百餘年神宗萬曆의

世에 至호야 內에 東林黨論의 禍와 外에 酉洲辰援

의 役이 有호야 國이 耗損호고 民이 騷擾호야 區宇

一分裂호니라 再傳호야 毅宗崇禎年代에 至호야

34

流賊李自成이攤衆ᄒ고據城ᄒ야江南을劫掠ᄒ
니王室이蕩散ㅣ라武臣吳三桂慷慨히興復의志
가有ᄒ야北遊에起義ᄒ니可施홀計가無ᄒ지라
이에淸人의게求救ᄒ야幷力ᄒ야討賊ᄒ기를謀
ᄒ다가맛춤니支那一區屋淸에李興ᄒ바ㅣ되니
라

牖蒙彙編

終